ANTÔNIO RENATO GUSSO

INTRODUÇÃO BÍBLICA

CB063692

Introdução Bíblica
por Antônio Renato Gusso
© Faculdades Batista do Paraná (FABAPAR)
Publicado, em coedição, por FABAPAR e Publicações Pão Diário.
Todos os direitos reservados.

FACULDADES BATISTA DO PARANÁ
Direção-Geral: Jaziel Guerreiro Martins
Coordenação dos Bacharelados em Teologia: Margareth Souza da Silva
Coordenação Adjunta do Bacharelado em Teologia EAD: Janete Maria de Oliveira
Autoria do Material: Antônio Renato Gusso
Coordenador editorial, design gráfico e capa: Thiago Alves Faria
Coordenação de Produção: Murilo de Oliveira Rufino e Juliana Valentim
Análise de Conteúdo: Igor Pohl Baumann e Willibaldo Ruppenthal Neto
Núcleo de Inovação e Desenvolvimento Educacional: Elen Priscila Ribeiro Barbosa
Design Instrucional: Elen Priscila Ribeiro Barbosa
Revisão: Edilene Honorato da Silva Arnas, Dayse Fontoura e Marcela Vidal Machado

Dados Internacionais para Catalogação na Publicação (CIP)

G982   Gusso, Antônio Renato

Introdução bíblica / Antônio Renato Gusso - 2. ed. -
Curitiba: Núcleo de Publicações FABAPAR, 2022 ;
Publicações Pão Diário, 2022.

154 p.

ISBN: 978-65-5350-168-3

1. Bíblia - Estudo e ensino. 2. Bíblia - História. 3. Teologia
histórica. I. Autor. II. Título.

CDD: 220.01

Bibliotecário: Jackson Friesen (CRB9/2023)

Proibida a reprodução total ou parcial sem prévia autorização, por escrito, da editora. Todos os direitos reservados e protegidos pela Lei 9.610, de 19/02/1998. Permissão para reprodução: permissao@paodiario.com e permissao@fabapar.com
Exceto quando indicado o contrário, todas as citações bíblicas são da ARA e NVI.

Publicações Pão Diário
Caixa Postal 4190,
82501-970 Curitiba/PR, Brasil
publicacoes@paodiario.org
www.publicacoespaodiario.com.br
Telefone: (41) 3257-4028

Código: WX257
ISBN: 978-65-5350-168-3

2.ª edição: 2022 • 1.ª impressão: 2022

Impresso no Brasil

SUMÁRIO

1. Diferentes formas de Bíblia 7
1.1 Objetivo 9
1.2 Introdução 9
1.3 O que é a Bíblia 9
1.4 Os principais tipos de Bíblia 10
1.5 Resumo 16

2. A importância da Bíblia 17
2.1 Objetivo 19
2.2 Introdução 19
2.3 A Bíblia é importante porque explica
a origem do homem e o propósito de sua existência 20
2.4 Resumo 22

3. A Bíblia e a revelação 25
3.1 Objetivo 27
3.2 Introdução 27
3.3 O significado da palavra revelação 27
3.4 Resumo 33

4. O Cânon do Antigo Testamento 35
4.1 Objetivo 37
4.2 Introdução 37
4.3 Definição do termo 37
4.4 A formação do Cânon 39
4.5 A Lei 41
4.6 Resumo 46

5. O Cânon do Novo Testamento **47**
5.1 Objetivo 49
5.2 Introdução 49
5.3 Definição do termo 49
5.4 A necessidade de um Cânon 50
5.5 Resumo 55

6. A Bíblia e suas traduções **57**
6.1 Objetivo 59
6.2 Introdução 59
6.3 As primeiras versões 60
6.4 Resumo 67

7. Os manuscritos do Antigo Testamento **69**
7.1 Objetivo 71
7.2 Introdução 71
7.3 Os manuscritos destruídos 72
7.4 Os manuscritos do Mar Morto 74
7.5 Resumo 76

8. Os Manuscritos do Novo Testamento **79**
8.1 Objetivo 81
8.2 Introdução 81
8.3 O papiro P 66 (Bodmer II) 84
8.4 Os Códices 85
8.5 Resumo 87

9. O Período Intertestamentário — Os judeus sob o domínio dos persas e dos gregos **89**
9.1 Objetivo 91

9.2 Introdução 91
9.3 Divisões do período 92
9.4 Resumo 97

10. O Período Intertestamentário — Os judeus sob o domínio dos ptolomeus e dos selêucidas 99
10.1 Objetivo 101
10.2 Introdução...101
10.3 Os judeus sob o domínio dos ptolomeus 102
10.4 Resumo 108

11. O Período Intertestamentário — Os Macabeus 111
11.1 Objetivo 113
11.2 Introdução 113
11.3 Os Macabeus 114
11.4 Matatias em Modim... 114
11.5 Judas Macabeu 115
11.6 O culto restaurado 116
11.7 A independência dos judeus 117
11.8 Depois de Judas 118
11.9 Fariseus e saduceus 119
11.10 Resumo.. 121

12. Sinagoga — Parte 1 — A contribuição para o cristianismo 123
12.1 Objetivo 125
12.2 Introdução 125
12.3 A sinagoga e a propagação do Antigo Testamento por vários lugares 127

12.4 A sinagoga e as oportunidades
para pregadores visitantes 130

12.5 A sinagoga e o uso de casas como
locais de culto..133

12.6 Resumo 136

**13. Sinagoga — Parte 2 — A contribuição
para o cristianismo 137**

13.1 Objetivo 139

13.2 Introdução 139

13.3 A sinagoga e o modelo de administração 140

13.4 A sinagoga e seu modelo de culto 145

13.5 Resumo.. 149

Referências bibliográficas..151

1. DIFERENTES FORMAS DE BÍBLIA

1. Diferentes formas de Bíblia

1.1 Objetivo

O estudante conhece as características gerais dos principais conjuntos de livros chamados de Bíblia.

1.2 Introdução

Não raro encontrarmos pessoas que pensam que a Bíblia é apenas um livro. É um livro muito importante, volumoso, antigo e difícil de ser lido, mas apenas um livro, no sentido de unidade de seu conteúdo. Também há muitos que imaginam que ela seja uma só no sentido de única. Bem, não é exatamente assim. O título desta lição, "Diferentes formas de Bíblia" já chama a atenção para este fato. Aproveitamos este espaço para mostrar três das formas principais de bíblias na atualidade e o conteúdo geral delas, o qual possui variações. O tema é interessante e muito importante para aqueles que se preocupam em desenvolver uma boa teologia cristã. Então, vamos adiante que o trabalho nos espera.

1.3 O que é a Bíblia

É bom iniciar destacando que "a Bíblia" não é apenas um livro. Ela é muito mais do que isso, na versão aceita pelos evangélicos e protestantes, ela é um conjunto de 66 livros, sendo que 39 deles fazem parte da divisão conhecida como Antigo Testamento e 27 da parte denominada de Novo Testamento. A palavra grega que lhe dá o nome (biblia — *bibli,a*) é plural e significa livros. Assim, como a conhecemos hoje, é uma coleção complexa de livros que foram escritos por diversos autores. Alguns defendem que foram escritos por mais de 40 pessoas, sem se levar em conta os autores de pequenas porções ou fontes que foram utilizadas dentro dos livros, em vários locais e épocas diferentes, tratando de vários assuntos, em um período de, aproximadamente, 1600 anos.

Também, a rigor, não se pode falar de Bíblia como se fosse uma Bíblia só, pois existem algumas variações. Na sequência, veremos os principais tipos de Bíblia que existem.

1.4 Os principais tipos de Bíblia

Como já destacado, a Bíblia é uma coleção de livros que nem sempre aparece com a mesma quantidade de livros. Destacaremos aqui os livros que, normalmente, compõem a Bíblia Hebraica, a Evangélica, ou Protestante, e a Católica, as principais para o estudante em nível de bacharel na atualidade. Apresentaremos esses livros na ordem em que surgem em cada uma das coleções.

1.4.1 A Bíblia Hebraica

Nem todos gostam de chamar a Bíblia Hebraica de Bíblia. Afinal, ela contém apenas os livros que na Bíblia Evangélica fazem parte de sua primeira divisão, o chamado Antigo ou Velho Testamento. Na verdade, os judeus não a chamam de Bíblia, este termo que foi adotado pelos cristãos para designar a sua coleção de livros considerados sagrados (Palavra de Deus), eles a chamam de *Tanak*, que é uma abreviação para as três divisões da coleção que consideram autoridade em matéria de religião. As divisões e seus significados são os seguintes:

Torá – Lei
Neviim – Profetas
Ketuvim – Escritos

A Torá, ou Lei, é composta dos seguintes cinco livros, com seus nomes conforme utilizados nas versões em português: Gênesis, Êxodo, Levítico, Números e Deuteronômio.

A divisão chamada *Neviim*, ou Profetas, é composta de quatro livros denominados Profetas Anteriores e de quatro chamados de Profetas Posteriores. São eles:

1. Profetas Anteriores: Josué, Juízes, Samuel (1 Samuel, 2 Samuel), Reis (1 Reis e 2 Reis);
2. Profetas Posteriores: Isaías, Jeremias, Ezequiel, O Livro dos Doze (Oséias, Joel, Amós, Obadias, Jonas, Miquéias, Naum, Habacuque, Sofonias, Ageu, Zacarias e Malaquias).

Observação: Perceba que no Cânon Hebraico, ou seja, na relação de livros considerados sagrados, os livros que conhecemos como 1 e 2 Samuel formam apenas um livro (Samuel). O mesmo acontece com 1 e 2 Reis. Também os 12 últimos livros proféticos da relação acima, que aparecem entre parênteses, são tratados como uma obra única, conhecida como "O Livro dos Doze".

A terceira divisão da Bíblia Hebraica, a chamada *Ketuvim*, possui 12 livros. São eles: Salmos, Jó, Provérbios, Rute, Cântico dos Cânticos, Eclesiastes, Lamentações, Ester, Daniel, Esdras, Neemias, Crônicas (1 Crônicas e 2 Crônicas).

Observação: É bom destacar que a lista acima segue a proposta da Bíblia Hebraica Stuttgartensia, mas existem outras propostas de divisões e ordem dos livros. Também é bom perceber que, ainda que o número de livros na divisão hebraica chegue a apenas 25, o conteúdo dela é o mesmo dos livros que fazem parte do Antigo Testamento Protestante, como veremos logo adiante. Ou seja, tanto a Bíblia Hebraica quanto a Bíblia Protestante, em sua divisão conhecida como Antigo Testamento, possuem o mesmo material, mas dividido de formas diferentes.

1.4.2 A Bíblia Evangélica ou Protestante

A Bíblia Evangélica, ou Protestante, em seu Antigo Testamento, ainda que seja composta dos mesmos livros da Bíblia Hebraica, está dividida em um número maior de livros e arranjada em uma ordem diferente. De acordo com Sizemore Jr., essa:

> diferença da ordem que prevalece na tradição cristã resulta do uso cristão primitivo de traduções gregas do Velho Testamento hebraico. Essas traduções gregas eram arranjadas segundo os tópicos e cronologicamente (pelo menos isto era tratado — as decisões com respeito a datas não eram exatas, em todos os casos) enquanto a ordem hebraica representa um arranjo anterior, que, até certo ponto, expressa a

ordem em que os materiais passaram a ser reconhecidos como Escritura.[1]

Em relação à Bíblia Hebraica, então, ela difere, principalmente, por conter a divisão Chamada Novo Testamento. O Antigo Testamento, normalmente, é dividido em cinco coleções conhecidas pelos seguintes títulos: Pentateuco, Livros Históricos, Livros Poéticos e Sapienciais, Profetas Maiores e Profetas Menores. Já o Novo Testamento é dividido, normalmente, pois existem outras propostas mais detalhadas de divisões, em quatro partes. São elas: Evangelhos, Atos, Epístolas e Apocalipse.

Vejamos os nomes dos livros dentro de suas divisões.

ANTIGO TESTAMENTO
Pentateuco
Gênesis, Êxodo, Levítico, Números e Deuteronômio.
Livros Históricos
Josué, Juízes, Rute, 1 Samuel, 2 Samuel, 1 Reis, 2 Reis, 1 Crônicas, 2 Crônicas, Esdras, Neemias e Ester.
Livros Poéticos e Sapienciais
Jó, Salmos, Provérbios, Eclesiastes, Cântico dos Cânticos.
Profetas Maiores
Isaías, Jeremias, Lamentações de Jeremias, Ezequiel e Daniel.

---
1 SIZEMORE, Jr., Burlan A. O Cânon e o texto do Velho Testamento. *In*: ALLEN, Clifton J. (ed. ger.) **Comentário Bíblico Broadman**. Velho Testamento. 2. ed. Rio de Janeiro: JUERP, 1986, v. 1, p. 83-84.

Profetas Menores
Oséias, Joel, Amós, Obadias, Jonas, Miquéias, Naum, Habacuque, Sofonias, Ageu, Zacarias e Malaquias.
NOVO TESTAMENTO
Evangelhos
Mateus, Marcos, Lucas e João.
Atos
Atos
Epístolas
Paulinas
Romanos, 1 Coríntios, 2 Coríntios, Gálatas, Efésios, Filipenses, Colossenses, 1 Tessalonicenses, 2 Tessalonicenses, 1 Timóteo, 2 Timóteo, Tito e Filemom.
Gerais
Hebreus, Tiago, 1 Pedro, 2 Pedro, 1 João, 2 João, 3 João e Judas.
Apocalipse
Apocalipse

1.4.3 A Bíblia Católica

É comum ouvir nos meios populares de estudos da Bíblia que a Bíblia Católica e a Evangélica são iguais, mas, na verdade, não é bem assim. Podemos dizer que, no geral, elas são iguais. O Novo Testamento é formado pelos mesmos livros e na mesma ordem, mas o Antigo Testamento, ainda que possua livros em comum, com pequenas variações em suas versões, também possui outros livros que não fazem parte da Bíblia Protestante, ou Evangélica.

A Bíblia Católica, no Antigo Testamento, além dos livros que também fazem parte da Bíblia Protestante, conta com os seguintes, conhecidos no meio católico como Deuterocanônicos: Tobias, Judite, 1 Macabeus, 2 Macabeus, Sabedoria, Eclesiástico, Baruc, além de acréscimos significativos em Daniel e outros escritos[2].

O termo Deuterocacônico, utilizado no catolicismo para se referir a estes livros que não fazem parte da Bíblia Hebraica, nem da Bíblia Evangélica, tem sua origem no grego e significa "segundo Cânon", o que indica que eles são considerados como possuindo a mesma autoridade dos demais, fazem parte do Cânon, porém foram acrescentados a ele mais tarde, no século XVI, pelo Concílio de Trento[3]. Já nos meios evangélicos estes livros são conhecidos como apócrifos.

---

[2] Não esqueça que as bíblias não são todas iguais. Além de diferirem em suas versões, diferem também no conteúdo.
[3] BIRDSALL, J. N. Apócrifos. *In*: DOUGLAS, J. D. (ed. ger.) **O Novo Dicionário da Bíblia**. São Paulo: Vida Nova, 1983, v. 1, p. 91.

1.5 Resumo

Em poucas palavras, resumindo a lição, podemos dizer que Bíblia não é um livro, mas uma coleção de livros. Também podemos dizer que não há apenas uma coleção, mas existem coleções, das quais destacamos aqui as principais para o estudante. Assim, devemos falar, entre outras de menor expressão, em Bíblia Hebraica, Bíblia Evangélica — a qual tem os mesmos livros da Hebraica, em seu Antigo Testamento —, e Bíblia Católica, que possui os também chamados livros Deuterocanônicos, os quais não fazem parte nem da Bíblia Hebraica nem da Evangélica.

Sugestão de bibliografia para pesquisa

Veja mais sobre estes assuntos em:
VIERTEL, Weldon E. **A interpretação da Bíblia**. 4. ed. Rio de Janeiro: JUERP, 1989, p. 21-25.

2. A IMPORTÂNCIA DA BÍBLIA

2. A importância da Bíblia

2.1 Objetivo

O estudante entende a importância da Bíblia para os cristãos e a humanidade em geral.

2.2 Introdução

Do ponto de vista cristão, a Bíblia é o livro, ou o conjunto de livros, mais importante que já foi escrito. Livros surgem aos milhares, todos os dias, mas, por melhores que sejam, logo passam, tornam-se obsoletos, ou perdem o seu encanto e dão lugar para outros que chegam. Com a Bíblia, isto não acontece. Ela continua sempre atual e cada vez mais procurada por leitores de todas as partes do mundo, ávidos por suas mensagens. Para que você tenha uma pequena noção do quanto este livro é amado e procurado, destacamos que só a Sociedade Bíblica do Brasil, em 2009, distribuiu cerca de seis milhões de seus exemplares. Com certeza, este é o livro mais lido em todo o mundo.

Nesta lição, destacaremos alguns pontos a respeito dessa importância da Bíblia do ponto de vista cristão, segundo a opinião geral de Weldon E. Viertel, com minhas observações próprias.

2.3 A Bíblia é importante porque explica a origem do homem e o propósito de sua existência

É natural para o homem, como ser racional, indagar a respeito de sua origem e da razão de sua existência. Em todos os tempos, os pensadores têm se debatido com essa questão, pois não dá para, simplesmente, imaginar que surgimos por acaso neste mundo e que não haja um propósito em nossa existência. Diante disso, muitos procuram dar uma resposta satisfatória propondo teorias a respeito da origem e do destino da humanidade. Bem, a Bíblia também faz isto. Ainda que ela não entre em detalhes a respeito da forma como fomos criados, o que é um assunto que interessa mais à ciência do que à religião, ela é muito clara ao mostrar que Deus é o criador, não só da humanidade, mas de todo o universo. Já nos dois primeiros capítulos da Bíblia encontramos a opinião dela mesma a respeito de quem criou tanto o universo quanto o ser humano. Do ponto de vista bíblico está claro: Deus criou.

Sim, ela afirma que Deus criou tudo, mas com que propósito? Em especial, com que propósito o ser humano foi criado? Na opinião de Viertel, a Bíblia mostra que ele "foi criado por Deus para viver em serviço fiel e amoroso a Deus e ao seu próximo e a passar a eternidade em companhia do seu criador".

2.3.1 A Bíblia é importante porque fornece orientações para a vida diária dos cristãos

Muitas são as declarações de fé de igrejas protestantes e evangélicas que preservam a base que surgiu dos reformadores dizendo que a Bíblia é a única regra de conduta e fé. Assim, está claro que, desde os reformadores, oficialmente falando, mas, de fato, desde os primórdios do cristianismo, os cristãos fiéis têm procurado se conduzir na sociedade em que vivem à luz daquilo que a Bíblia os orienta. Como diz Viertel:

> A Bíblia nos apresenta um plano completo e eficiente para o devido relacionamento com outras pessoas. Não somente explica como se relacionar com a própria família, amigos e vizinhos, mas nos ensina como devemos tratar os inimigos. Se os ensinos da Bíblia fossem praticados, muitos dos problemas do mundo seriam resolvidos. Talvez os três maiores problemas do homem contemporâneo sejam: sua consciência de culpa e rejeição, causando um sentimento de alienação e solidão; e suas frustrações na vida, causadas por suas derrotas, que o levam a concluir que a vida não tem sentido[4].

2.3.2 A Bíblia é importante por conduzir o ser humano ao Redentor

Viertel destaca ainda que a "Bíblia é importante porque conduz o homem condenado ao Redentor, e o triste e sofredor, ao único Confortador que pode

---

[4] VIERTEL, Weldon E. **A interpretação da Bíblia**. 4. ed. Rio de Janeiro: JUERP, 1989, p. 18.

resolver suas necessidades". Na opinião dele "Somente a Bíblia apresenta soluções aos dois grandes obstáculos do homem: seus erros ou mais ações e a sempre presente possibilidade da morte que o destruirá"[5].

2.3.3 A Bíblia é importante como livro de conhecimento

A Bíblia em si é um tesouro. Não creio que uma pessoa educada, que gosta de estar por dentro dos acontecimentos da história, leitora de vários livros importantes, possa se dar ao luxo de ignorar esta coleção. Ela é rica em gêneros literários, em informações a respeito da história, em orientações para a vida, em histórias envolventes, em beleza literária etc. Não, não é viável que uma pessoa educada deixe de lado o livro de maior sucesso de todos os tempos. Mesmo para aqueles que não possuem fé o suficiente para crer na Bíblia como Palavra de Deus, ela tem muito a dizer. Contudo, como bem destacou Viertel "a Bíblia é o livro da redenção que esclarece ao homem como reconciliar-se com Deus através de Jesus Cristo. Verdadeiramente é o 'Livro dos livros', o maior livro do mundo".[6]

2.4 Resumo

Na verdade, poderíamos estender em muito este assunto dizendo sempre que a Bíblia é importante

---

[5] VIERTEL, Weldon E. **A interpretação da Bíblia**. 4. ed. Rio de Janeiro: JUERP, 1989, p. 18.

[6] VIERTEL, Weldon E. **A interpretação da Bíblia**. 4. ed. Rio de Janeiro: JUERP, 1989, p. 19.

por..., e também por... etc. Mas os pontos aqui destacados já servem para, neste início de nossos estudos a respeito da Bíblia, mostrar que o assunto é de extrema relevância. Um livro tão importante como este merece todo o esforço possível para que o possamos conhecer melhor.

Sugestão de bibliografia para pesquisa

Veja mais sobre estes assuntos em:
VIERTEL, Weldon E. **A interpretação da Bíblia**. 4. ed. Rio de Janeiro: JUERP, 1989, p. 17-19.

Veja a respeito da revelação de Deus no universo e em Sua Palavra de acordo com o Salmo 19 em:
KIDNER, Derek. **Salmos 1-72**: introdução e comentário. São Paulo: Vida Nova, 1981, p. 115-118.

3. A BÍBLIA E A REVELAÇÃO

3. A Bíblia e a revelação

3.1 Objetivo

O estudante entende o conceito de revelação e distingue revelação geral de revelação especial.

3.2 Introdução

A teologia em si parte do princípio de que Deus se revela. Nesta lição, trataremos do conceito de revelação, bem como da distinção que há entre as duas formas normalmente aceitas de revelação divina, a revelação geral e a revelação especial. Este tema é muito importante, pois acaba por ditar a forma como o leitor da Bíblia a encara. Assim, todo o esforço para que se entenda bem o assunto é válido.

Com certeza, o estudante desejoso de aprender não deve ficar limitado a apenas estas linhas introdutórias ao assunto. Deve procurar pesquisar no material indicado nesta lição e também em outros que possam estar ao seu alcance.

3.3 O significado da palavra revelação

Iniciemos com o significado da palavra que normalmente traduzimos por revelação para o português. Três palavras são importantes para a compreensão do termo revelação. Uma hebraica, utilizada no Antigo Testamento, uma grega, que aparece no

Novo Testamento, e outra latina, que é base para o termo que utilizamos em português. A utilizada no Antigo Testamento é *galah,* e a que aparece no Novo Testamento é a conhecida palavra apocalipse, que acabou dando nome ao último livro da Bíblia. Tanto uma quanto a outra possuem o mesmo significado básico, referem-se ao fato, ou verdade, que possa ser conhecida, trazida à luz. Pode-se dizer que o termo apocalipse descreve o ato de se puxar a cortina em um teatro para que o artista possa ser visto pela plateia. Em outras palavras, é o ato de "revelar" o que estava oculto, no caso pela cortina. Já a raiz latina da palavra revelação (*revelo*) possui o significado de "tirar o véu", "descobrir"[7].

Como diz Viertel, "O ato da revelação de Deus significa que ele está puxando a cortina para que se veja aquilo que está escondido. É uma ação em que Deus torna a sua pessoa e sua vontade conhecida ao homem"[8]. Assim, percebe-se que revelação é uma atividade divina, é a forma pela qual Deus se "mostra", faz-se conhecido para os seres humanos. É uma atividade que parte de Deus.

3.3.1 A revelação geral

A expressão "revelação geral" é utilizada para descrever aquilo que é possível saber a respeito de Deus por meio da natureza. Ainda que este tipo de revelação seja bastante limitado, não deixa de ser importante.

---

[7] VIERTEL, Weldon E. **A interpretação da Bíblia**. 4. ed. Rio de Janeiro: JUERP, 1989, p. 31.
[8] VIERTEL, Weldon E. **A interpretação da Bíblia**. 4. ed. Rio de Janeiro: JUERP, 1989, p. 31.

Viertel apresenta o que ele entende ser o ponto de vista do apóstolo Paulo sobre este tema da seguinte forma:

> Referiu-se o apóstolo Paulo à revelação geral em Romanos, capítulos 1 e 2. O homem que não tem conhecimento de Deus por meio da revelação especial de Jesus Cristo torna-se responsável perante Deus em face da revelação geral. Apesar do fato de que a natureza não diz nada sobre a misericórdia redentora de Deus, Paulo afirmou que as obras criadas por Deus desvendam seu poder sem limites, sua eterna existência, sua natureza divina (Rom 1:20). Por meio da revelação geral o homem obtém um conhecimento suficiente sobre sua responsabilidade perante Deus, e poderá tornar-se culpado quando deliberadamente o desobedece e se recusa a adorá-lo. A natureza perversa e pecaminosa do homem o faz desviar-se de sua responsabilidade perante o Senhor. Recusa-se a viver à altura do padrão da justiça que conhece. Em seu orgulho e egoísmo, escolhe exaltar e servir aos seus próprios desejos, em vez de ao seu criador.[9]

Veja um pouco mais a respeito do que Paulo diz sobre isto lendo os versículos transcritos adiante, de acordo coma Versão Bíblica Almeida Século 21 (A21):

> 18 Pois a ira de Deus se revela do céu contra toda impiedade e injustiça dos homens, que impedem a verdade pela sua injustiça.
>
> 19 Pois o que se pode conhecer sobre Deus é manifestado entre eles, porque Deus lhes manifestou.
>
> 20 Pois os seus atributos invisíveis, seu eterno poder e divindade, são vistos

---

9 VIERTEL, Weldon E. **A interpretação da Bíblia**. 4. ed. Rio de Janeiro: JUERP, 1989, p. 34.

> claramente desde a criação do mundo e percebidos mediante as coisas criadas, de modo que esses homens são indesculpáveis;
>
> 21 porque, mesmo tendo conhecido a Deus, não o glorificaram como Deus, nem lhe deram graças; pelo contrário, tornaram-se fúteis nas suas especulações, e o seu coração insensato se obscureceu (Rm 1.18-21).

Viertel ainda destaca a opinião do apóstolo Paulo dizendo:

> Paulo afirma que a consciência do homem lhe fornece evidência de que ele tem certo conhecimento de sua responsabilidade perante Deus (Rom 2:12 e ss.) Os gentios, que não haviam recebido uma revelação especial da Lei do Velho Testamento, mostraram que eles conheciam alguma coisa a respeito das exigências morais de Deus, porque estabeleceram uma lei para si mesmo. Seu padrão moral não era tão alto quanto o dos judeus, que tinham a revelação especial do Velho Testamento; porém sua condenação não se baseava em não terem uma lei moral superior, mas em não cumprirem a lei que tinham[10].

3.3.2 A revelação especial

Revelação geral é aquela que acontece por meio da natureza, já a especial é a revelação bíblica. Na primeira, Deus aparece como criador, na segunda, como redentor de um povo, Israel, no Antigo Testamento, e da Igreja, no Novo Testamento. Resumidamente, seguindo a opinião de Viertel, pode-se dizer que por meio da

---

10 VIERTEL, Weldon E. **A interpretação da Bíblia**. 4. ed. Rio de Janeiro: JUERP, 1989, p. 34-35.

revelação especial, a revelação bíblica, Deus revela, entre outros pontos importantes, Sua natureza, Sua vontade e propósito ao homem, o caminho da salvação, as exigências da vida cristã e os recursos para vivê-la, as soluções para os problemas pessoais, o poder do Seu Reino e a promessa de Sua vitória final[11].

Nem todos os teólogos encaram a questão da revelação do mesmo ponto de vista. Muitas são as opiniões a respeito deste assunto, o que torna inviável a tentativa de explicar a opinião de cada um em uma aula como esta, mas podemos dar uma visão geral das opiniões expressas por liberais, neo-ortodoxos e conservadores.

3.3.3 Visão Liberal

No geral, os liberais declaram que a Bíblia contém a Palavra de Deus. Ela aparece em suas páginas misturadas com as palavras de homens. Assim, como escreveu Viertel sobre este assunto:

> A Bíblia não é para ser igualada com a Palavra de Deus, visto que Deus se revela e a sua vontade por outros meios além da Bíblia. Diz também o erudito liberal em sua crítica que nem tudo o que a Bíblia ensina é digno de ser chamado a Revelação de Deus. Alguns teólogos liberais creem que os escritores bíblicos eram inspirados somente ao ponto que, de tempos em tempos, sua pregação religiosa e seu gênio eram aprofundados e afinados em descobrir "verdades divinas" para sua própria época. A ênfase do erudito liberal se focaliza na descoberta que o homem

---

11 VIERTEL, Weldon E. **A interpretação da Bíblia**. 4. ed. Rio de Janeiro: JUERP, 1989, p. 39.

faz de Deus, em vez de na revelação que Deus faz de si mesmo.[12]

3.3.4 Visão Neo-ortodoxa

O ponto de destaque dos neo-ortodoxos é que a Bíblia se torna a Palavra de Deus. Viertel explica essa posição assim:

> Críticos liberais do século 19 enfatizaram que a Bíblia está cheia de erros e imperfeições. Como pode ser a Bíblia a Palavra perfeita de Deus quando está cheia de palavras imperfeitas dos homens? Karl Barth respondeu que a Bíblia torna-se a Palavra de Deus quando Deus escolhe o canal imperfeito para confrontar o homem com sua Palavra Perfeita. A Bíblia revela Deus ao homem, não em proposições sobre Deus, mas unicamente ao servir como um canal através do qual se realiza o encontro pessoal de Deus com o homem num ato de revelação. Numa experiência existencial, as palavras das páginas da Bíblia tornam-se vivas e falam pessoalmente ao homem[13].

3.3.5 A Visão Conservadora

Para os conservadores, ainda que exista uma diferença de opiniões entre eles em relação à inspiração das Escrituras, a Bíblia é a Palavra de Deus. Isto significa, para alguns, aqueles que creem na chamada inspiração verbal, que cada palavra da Bíblia,

---

12 VIERTEL, Weldon E. **A interpretação da Bíblia**. 4. ed. Rio de Janeiro: JUERP, 1989, p. 40.
13 VIERTEL, Weldon E. **A interpretação da Bíblia**. 4. ed. Rio de Janeiro: JUERP, 1989, p. 40.

como Palavra de Deus, procedeu diretamente de Deus mesmo, em uma espécie de ditado divino para o "autor" que as colocou por escrito. Mas, para outros, para os que creem na chamada inspiração plenária, a Bíblia é Palavra de Deus no sentido de resultado da mensagem geral que os autores foram levados pelo Espírito Santo a escrever, mesmo mantendo suas características e falhas naturais.

3.4 Resumo

No geral, vimos nesta lição que o tema da revelação se divide em duas proposições básicas: 1) A revelação geral, que é o dar-se a conhecer de Deus por meio da natureza, e 2) a revelação especial, que é a maneira como Deus se faz conhecido por meio da Bíblia. As duas são importantes, destacando que a primeira revela Deus como criador e a segunda como redentor, de um povo no Antigo Testamento e da Igreja no Novo Testamento.[14]

Sugestão de bibliografia para pesquisa

Veja mais sobre estes assuntos em:

VIERTEL, Weldon E. **A interpretação da Bíblia**. 4. ed. Rio de Janeiro: JUERP, 1989, p. 31-45.

PACKER, J. I. Revelação. *In*: DOUGLAS, J. D. (ed. ger.) **O Novo Dicionário da Bíblia**. São Paulo: Vida Nova, 1983, v. 2, p. 1400-1404.

---
[14] Lembrar deste resumo é o ponto mais importante desta lição.

4. O CÂNON DO ANTIGO TESTAMENTO

4. O Cânon do Antigo Testamento

4.1 Objetivo

O estudante entende como ocorreu o processo formador do Cânon do Antigo Testamento e percebe a necessidade que ele supriu.

4.2 Introdução

Foi visto em nossa primeira lição que a Bíblia, ou as bíblias, são coleções de livros. Livros escritos em vários lugares, por vários autores, com vários objetivos ou propósitos, e em várias épocas. Então uma pergunta surge na mente de seus leitores: Afinal, como é que elas foram formadas? Ou melhor ainda: Como e quando estes livros passaram a ser considerados autoridade em matéria de religião e foram reunidos em um grupo, que hoje chamamos Bíblia, e reconhecidos como tendo autoridade? As respostas não são muito simples, mas pretendemos ajudá-los a encontrá-las nas próximas linhas.

4.3 Definição do termo

Iniciemos definindo o termo Cânon. Cânon, quando empregado no contexto de escrituras religiosas, é a palavra que designa uma coleção de livros que, de acordo com a comunidade de fé, foram dados por

Deus, por meio da inspiração, para que sirvam como base de suas crenças e para suas práticas, tanto de culto como de procedimentos na vida diária. A produção, ou estabelecimento de um Cânon, é um fenômeno comum entre as grandes religiões mundiais, o que varia entre elas é a ênfase maior ou menor que dão à origem destes escritos como palavra divina, escritos que procedem de Deus.

Sizemore Jr. escreveu o seguinte, explicando o conceito:

> A palavra portuguesa Cânon pode ser procurada, quanto às suas origens, através de uma palavra grega, até uma raiz semita antiga, que significa caniço. No grego, essa palavra veio a denotar qualquer coisa reta, tal como uma vara ou uma régua de carpinteiro. A palavra grega veio a ser usada metaforicamente, para referir-se a qualquer norma ou padrão.
>
> Da maneira como é aplicada a uma coleção normativa de obras literárias, a palavra Cânon foi, a princípio, usada pelos cristãos no quarto século. O conceito de uma coleção sagrada, todavia, é muito mais antigo do que o uso dessa palavra. Antes desta designação, a literatura normativa das comunidades judaicas e cristãs (essencialmente o Velho Testamento) era mencionada como "Escritura" ou as "Sagradas Escrituras". Estas referências ocorrem em fontes como Filo (primeira metade do primeiro século), Josefo (que morreu pouco depois de 100 d.C.) e o Novo Testamento. Embora descrito de maneiras diferentes, este conceito de uma literatura normativa reconhecida como a Palavra de Deus remonta, na tradição hebraica, a pelo menos à época

da reforma de Josias e à descoberta do livro da lei (parte de Deuteronômio, II Reis 22 e 23), em 621 a.C. O processo do desenvolvimento e fixação do Cânon devia, contudo, levar muitos séculos. [15]

Do que foi dito acima, é bom destacar desde já, e o faremos ainda na sequência desta aula, que: mesmo que o termo Cânon só tenha sido utilizado a partir do século IV, os livros da Bíblia Evangélica atual já vinham sendo considerados como Palavra de Deus há muito tempo, em parte, nos primeiros anos da "História do Cânon" e na totalidade, referindo-se ao Antigo Testamento, no primeiro século da Era Cristã[16]. Como alguns bem destacaram, "A igreja cristã nasceu com um livro nas mãos; o livro que Jesus e seus primeiros seguidores reverenciaram era o Antigo Testamento. Seus documentos compreendem a primeira metade do Cânon cristão[17]". Em outras palavras, Jesus e Seus discípulos tratavam o Antigo Testamento como Bíblia.

4.4 A formação do Cânon

Há muito mistério envolvendo o processo pelo qual o Cânon do Antigo Testamento foi formado. Sabe-se que, por volta do ano 95 d.C., Josefo foi o primeiro a citar uma coleção de livros que ele afirmava que haviam surgido entre o tempo de Moisés e Artaxerxes I, rei da Pérsia, contemporâneo de Esdras. Sua lista contava

---

15 SIZEMORE, Jr., Burlan A. O Cânon e o texto do Velho Testamento. *In*: ALLEN, Clifton J. (ed. ger.) **Comentário Bíblico Broadman**: Velho Testamento. 2. ed. Rio de Janeiro: JUERP, 1986, v. 1, p. 83.

16 Este é um ponto de destaque desta lição.

17 SIZEMORE, Jr., Burlan A. O Cânon e o texto do Velho Testamento. *In*: ALLEN, Clifton J. (ed. ger.) **Comentário Bíblico Broadman**: Velho Testamento. 2. ed. Rio de Janeiro: JUERP, 1986, v. 1, p. 84.

com 22 livros que, provavelmente, correspondiam aos mesmos 24 livros costumeiramente aceitos como integrantes do Cânon.

O número de livros citados por ele deve ter sido de 22 e não de 24 por ter tomado Lamentações junto com Jeremias e Rute junto com Juízes. Ainda que ele não tenha dado crédito a Esdras em relação ao trabalho de formação do Cânon, muitos outros escritores antigos informam de maneira persistente que Esdras foi o responsável pela sua compilação e preservação.

Também é bom destacar que ainda muito antes de Josefo, lá pelo ano 130 a.C., no prólogo do livro apócrifo chamado Eclesiástico, escrito pelo neto de Jesus ben Siraque, seu autor, aparece uma referência à divisão em três partes do Cânon do Antigo Testamento. De acordo com a informação providenciada por Archer Jr., o prólogo deste livro diz assim:

> Pela Lei, pelos Profetas e por outros escritores que os sucederam, recebemos inúmeros ensinamentos importantes e cheios de sabedoria, que tornam Israel digno de louvores pela sua doutrina e sabedoria, pois não somente estes autores deveriam ter sido muito esclarecidos, mas os próprios estranhos podem tornar-se, graças a eles, muito hábeis em falar e escrever. É assim que, após entregar-se particularmente ao estudo atento da Lei, dos profetas e dos outros Escritos, transmitidos por nossos antepassados, também meu avô quis escrever algo instrutivo e cheio de sabedoria.[18]

---

18 ARCHER, Jr. Gleason L. **Merece Confiança o Antigo Testamento?** São Paulo: Vida Nova, 1986, p. 73-74.

Depois de citar esta parte do prólogo de Eclesiástico, Archer Jr. comenta:

> O que no Cânone do TM se classifica como *Kethubhim* (Escritos ou Hagiographa) se menciona aqui como:
>
> a) livros de outros escritores que sucederam aos Profetas, e
>
> b) os outros Escritos transmitidos pelos antepassados. Isto demonstra que alguma divisão tríplice já existia no segundo século a.C.[19]

Ao que parece, o Cânon do Antigo Testamento, com suas três partes, foi sendo formado e reconhecido como Palavra de Deus paulatinamente. Primeiro uma divisão, depois outra e, finalmente, a terceira. Vejamos como isso pode ter acontecido.

4.5 A Lei

A primeira parte do Antigo Testamento a ser reconhecida como Palavra de Deus foi a Torá (Lei de Moisés), mais conhecida na atualidade, nos meios cristãos, como o Pentateuco. É a porção formada pelos primeiros cinco livros da Bíblia: Gênesis, Êxodo, Levítico, Números e Deuteronômio. Nas páginas deles mesmos, encontram-se algumas afirmações que pedem para parte deles o reconhecimento como de origem divina. Por exemplo, são várias as afirmações em Gênesis em que Deus disse algo para alguém (Gn 7.1, 12.1 e muitos outros). O mesmo se repete em Levítico e Números que a todo instante relata "Disse mais o SENHOR a Moisés..." (Lv 4.1; 5.14; 6.1,19,24; Nm 3.14, 4.1 e outros). Em Êxodo,

---

[19] ARCHER, Jr. Gleason L. **Merece Confiança o Antigo Testamento?** São Paulo: Vida Nova, 1986, p. 74.

não acontece diferente, por exemplo, em 24.7 está relatado que Moisés leu ao povo um texto que foi chamado de Livro da Aliança, provinda de Deus. A reação do povo, diante da leitura, foi a de se comprometer em obedecer, reconhecendo a autoridade divina das palavras. O texto, na versão Revista e Atualizada (ARA), diz assim: "E tomou o livro da aliança e o leu ao povo; e eles disseram: Tudo o que falou o SENHOR faremos e obedeceremos" (Êxodo 24.7). Também é interessante atentar para textos como o de Deuteronômio 29.1 que diz: "São estas as palavras da aliança que o SENHOR ordenou a Moisés que fizesse com os filhos de Israel na terra de Moabe, além da aliança que fizera com eles em Horebe". Como se vê, podemos encontrar reivindicações de autoridade divina nas próprias páginas destes livros espalhados pela primeira parte do Cânon.

Fora das reivindicações próprias, encontramos em outras partes da Bíblia indícios do reconhecimento destes livros como de origem divina. Depois do cativeiro babilônico, na época de Esdras, a Lei é lida para o povo e provoca uma reação de obediência que não deixa dúvidas de que os ouvintes lhe atribuíram procedência divina (Ne 8). Nas palavras de Sizemore Jr., a Lei (Torá), a partir deste ponto do pós-exílio, foi a principal força moldadora da comunidade judaica. Falando deste conjunto de livros, como a Lei, ele afirma:

> Pode ser que ela tenha sido modificada em algo e podem ter sido feitas adições nos anos subsequentes, mas as mudanças não podem ter sido substanciais. Esta Lei foi distribuída entre os judeus por toda parte, e mui rapidamente recebeu uma posição canônica, que tornou literalmente impossível

qualquer modificação de monta em seu conteúdo. Certamente, a Lei foi basicamente aceita mais ou menos na época do cisma samaritano, porque ela foi conservada essencialmente na mesma forma pelas duas comunidades. A data do cisma samaritano é incerta, mas não pode ser posterior a cerca de 300 a.C., e talvez foi anterior.[20]

Este prestígio canônico a respeito da Lei também é muito bem atestado pela Septuaginta (LXX), tradução grega do Antigo Testamento da época do terceiro século a.C. Traduções não eram comuns naquela época e seria pouco provável que um trabalho monumental, como o que foi feito nessa tradução, fosse feito se os textos não tivessem um grande valor religioso. Assim, não se pode estar muito errado ao afirmar que a Lei já tinha prestígio canônico, em sua forma fixa e final por volta do ano 400 a.C.[21]

4.5.1 Os Profetas

A segunda parte do Cânon do Antigo Testamento é conhecida como "Profetas". Fazem parte desta coleção os livros que normalmente chamamos de históricos na Bíblia em português, denominados Profetas Anteriores na Bíblia Hebraica, e o grupo de livros proféticos propriamente ditos, conhecidos no Cânon Hebraico como Profetas Posteriores. Não há dúvidas de que os profetas, aqueles que pregavam ao povo, eram

---

[20] SIZEMORE, Jr., Burlan A. O Cânon e o texto do Velho Testamento. *In*: ALLEN, Clifton J. (ed. ger.) **Comentário Bíblico Broadman**: Velho Testamento. 2. ed. Rio de Janeiro: JUERP, 1986, v. 1, p. 84-85.

[21] SIZEMORE, Jr., Burlan A. O Cânon e o texto do Velho Testamento. *In*: ALLEN, Clifton J. (ed. ger.) **Comentário Bíblico Broadman**: Velho Testamento. 2. ed. Rio de Janeiro: JUERP, 1986, v. 1, p. 85.

reconhecidos como portadores da mensagem divina por ocasião da época de seus ministérios, e também que seus escritos, ou escritos a respeito de suas atividades, foram muito respeitados já no período pré-exílico. Porém, como corpo de escritos fixos e reconhecido como possuidor de autoridade só deve ter sido aceito depois do exílio, provavelmente, bem depois de a Lei ter conquistado essa posição.[22]

Sizemore Jr., escrevendo a esse respeito, diz:

> É provável que o interesse sério pela coleção de um corpo de literatura profética com autoridade tenha acontecido depois que a instituição da profecia começou a se enfraquecer e a cair em descrédito. O esforço para formar uma coleção provavelmente desenvolveu-se no quarto século a.C., embora seja impossível dizer exatamente quando o Cânon profético foi fixado firmemente. Parece claro que o processo foi completado pelo menos em 200 a.C., porque Jesus ben Sirac, em cerca de 190 a.C., refere-se a cada um dos indivíduos cujo nome é emprestado a livros do Cânon profético, incluindo uma referência aos Doze Profetas (os profetas menores), como se eles fossem representados por um único livro, desta forma dando a entender toda a coleção. O ato de que o livro de Daniel, que recebeu a sua forma final no segundo século a.C., não conseguiu entrar no Cânon profético, mas foi incluído na terceira seção, sugere que o Cânon profético foi encerrado antes de seu aparecimento.[23]

---

22 SIZEMORE, Jr., Burlan A. O Cânon e o texto do Velho Testamento. *In*: ALLEN, Clifton J. (ed. ger.) **Comentário Bíblico Broadman**: Velho Testamento. 2. ed. Rio de Janeiro: JUERP, 1986, v. 1, p. 85.

23 SIZEMORE, Jr., Burlan A. O Cânon e o texto do Velho Testamento. *In*: ALLEN, Clifton J. (ed. ger.) **Comentário Bíblico Broadman**: Velho Testamento. 2. ed. Rio de Janeiro: JUERP, 1986, v. 1, p. 85.

4.5.2 Os Escritos

A terceira parte do Cânon Hebraico, conhecida como Escritos, é formada por livros de vários tipos e de várias épocas. O primeiro indício claro de que essa coleção estava sendo reconhecida como possuindo autoridade divina, assim como as duas partes anteriores, aparece por volta do ano 132 a.C., quando o neto de Jesus ben Sirac a cita no prólogo que acrescentou aos escritos de seu avô. Nele, ele citou a Lei, os Profetas e o que chamou de os outros livros de nossos antepassados. Ainda que esta terceira parte tenha conseguido o *status* de autoridade, provavelmente ela nunca tenha alcançado o mesmo valor das duas primeiras partes para a comunidade hebraica. Dentre os seus materiais, pode-se destacar o Saltério como o mais importante e primeiro a ser honrado como Palavra de Deus. Em alguns casos, ele chega a ser utilizado como nome para a coleção inteira. Veja, por exemplo, o que diz o texto de Lucas 24.44, em uma citação das três partes do Cânon feita por Jesus: "A seguir, Jesus lhes disse: São estas as palavras que eu vos falei, estando ainda convosco: importava se cumprisse tudo o que de mim está escrito na Lei de Moisés, nos Profetas e nos Salmos". Perceba que a palavra Salmos entrou no lugar em que se esperaria Escritos, pois é uma alusão clara às partes do Cânon.

Nem todos os livros desta terceira coleção foram aceitos com facilidade no Cânon. Em especial, foram questionadas a presença nela de Ester, Cântico dos Cânticos e Eclesiastes, os quais só passaram a ser reconhecidos oficialmente por determinação do concílio que ocorreu em Jâmnia, perto do ano 90 d.C. Como Flávio Josefo e IV Esdras mencionam, um Cânon que parece estar terminado e fixo por volta do ano 100 d.C., parece que depois do concílio de Jâmnia não aconteceram muitos questionamentos a respeito dos livros que deveriam ou não fazer parte desta terceira coleção.[24]

4.6 Resumo

O mais importante desta lição é perceber que os livros do Antigo Testamento foram sendo reconhecidos como canônicos parte por parte, e que, na época dos acontecimentos do Novo Testamento, esta porção substancial das Escrituras, que foi a primeira Bíblia da Igreja, já possuía reconhecimento como Palavra de Deus, fora as poucas exceções destacadas neste estudo, as quais demoraram um pouco mais para serem aceitas.

Sugestão de bibliografia para pesquisa

Veja mais sobre estes assuntos em:

LASOR William S.; HUBBARD, David A.; BUSH, Frederic W. O Conceito de Cânon. *In*: LASOR William S.; HUBBARD, David A.; BUSH, Frederic W. **Introdução ao Antigo Testamento**. São Paulo: Vida Nova, 1999, p. 651-659.

---

[24] SIZEMORE, Jr., Burlan A. O Cânon e o texto do Velho Testamento. *In*: ALLEN, Clifton J. (ed. ger.) **Comentário Bíblico Broadman**: Velho Testamento. 2. ed. Rio de Janeiro: JUERP, 1986, v. 1, p. 86.

5. O CÂNON DO NOVO TESTAMENTO

5. O Cânon do Novo Testamento

5.1 Objetivo

O estudante entende como ocorreu o processo formador do Cânon do Novo Testamento e percebe a necessidade que ele supriu.

5.2 Introdução

Não temos muito mais o que falar a respeito do Cânon do Antigo Testamento do que aquilo que já foi dito em lições anteriores. Ou seja, que uma parte da Igreja Cristã assumiu como inspirados e possuidores de autoridade divina os livros também aceitos pelo judaísmo como tais, e outra, juntamente com estes livros os também chamados apócrifos ou, na nomenclatura Católica, deuterocanônicos. Mas a respeito do Cânon do Novo Testamento, como foi formado e por qual razão, ainda cabe uma palavra.

5.3 Definição do termo

Na lição anterior, quando tratamos da questão do Cânon do Antigo Testamento, aproveitamos para definir o termo Cânon. Assim, não há necessidade de nos alongarmos neste assunto, mas, apenas como revisão da matéria, quero destacar as palavras de Gundry a este respeito. Ele diz: "O Cânon do Novo Testamento consiste dos livros aceitos pela Igreja Primitiva como Escrituras divinamente inspiradas. O termo Cânon, a princípio, significava vara de medir, mas terminou adquirindo o sentido metafórico de padrão".[25]

5.4 A necessidade de um Cânon

No início da era cristã, ou seja, nas primeiras décadas, não existiam os livros do Novo Testamento. Assim sendo, os cristãos dependiam do Antigo Testamento, em especial em sua versão grega conhecida como Septuaginta, e da tradição oral a respeito dos ensinamentos e da vida de Jesus. Mas logo foram surgindo os escritos, pois à medida que as testemunhas oculares e auriculares de Cristo iam morrendo, a Igreja ia sentindo a necessidade deles, para poderem manter as tradições e a pureza da doutrina que aceitava e ensinava.

5.4.1 Os critérios de canonização

Este processo de seleção foi muito lento. Só no ano 397 é que o Cânon foi fechado. Os critérios básicos que a Igreja observou para esta seleção foram os seguintes:

    a. A apostolicidade – Deveria ter sido escrito por um Apóstolo ou por alguém que fosse muito chegado a ele. Consequentemente, este escrito teria de ser de período bem remoto. Se fosse um Evangelho, teria que manter o padrão apostólico de doutrinas, principalmente no tocante à encarnação. Não poderia ser apenas

---

[25] GUNDRY, Robert H. **Panorama do Novo Testamento**. São Paulo: Vida Nova, 1981, p. 61.

uma porção de evangelho, como muitos que circulavam. Como não poderia deixar de ser, este critério causou muitos litígios, pois havia escritos, como no caso de Hebreus, em que não se chegava a uma conclusão a respeito da autoria. Parte da Igreja aceitava Hebreus como de autoria Paulina, mas outra parte rejeitava esta conclusão. Finalmente, Hebreus alcançou um lugar no Cânon pelas suas qualidades espirituais, ainda que não se tenha chegado a um consenso a respeito de sua autoria, problema que continua vivo na atualidade.

b. A circulação e uso do livro — Em algumas ocasiões, demonstrar a autoridade apostólica do livro se tornava muito difícil. Mas, como certos livros já eram aceitos e circulavam como autoridade, mesmo antes de qualquer relação com apóstolos ter sido determinada, direta ou indiretamente, eles recebiam a autenticação, ou *imprimatur* da própria comunidade que deles fazia uso.

c. O caráter concreto do livro — Os escritos deveriam ser isentos de ficção, pois, mesmo que a matéria não contrariasse as doutrinas da Igreja, a ficção os tornava inaceitáveis, por melhor que fossem as intenções daquele que os escrevia.

d. Ortodoxia — Este item era muito importante na escala de padrões para aferimento, evitando a inclusão de livros que, embora estivessem de acordo com ensinos apostólicos, tinham em seu bojo visíveis heresias, que vinham a causar o abandono da fé por parte de muitos cristãos.

e. Autoridade diferenciadora — Antes de os Evangelhos serem mencionados juntos, os cristãos já distinguiam os livros que eram lidos como tendo autoridade divina e outros que continuam fora do Novo Testamento. Por volta do ano 130, a Epístola de Barnabé cita o Evangelho Segundo Mateus, usando a mesma fórmula que Paulo usava quanto à autoridade do Antigo Testamento para basear o seu ensino.

f. A leitura em público — Muitos livros circulavam quando Mateus começou a ser utilizado pelos cristãos. Mas, ainda que fossem bons e de leitura agradável, a maioria servia apenas para leitura particular. Não se prestavam para leitura em público, pois só seriam admitidos se possuíssem características próprias. Por outro lado, aqueles que eram considerados inspirados eram utilizados na leitura e comentados perante a congregação de modo semelhante com que a Lei e os Profetas eram utilizados nas reuniões nas sinagogas.

5.4.2 O processo de canonização

A seleção do material primitivo foi bastante rigorosa, dando-se preferência à mensagem transmitida oralmente por testemunhas oculares do ministério e paixão de Jesus. Enquanto os apóstolos viveram, foram eles mesmos "o Cânon". Como diz Paulo em Gálatas 2.9: as colunas da Igreja. Mas eles não poderiam permanecer para sempre e, logo nas primeiras décadas, surgiram os primeiros escritos, não direcionados à posteridade, mas às questões e aos problemas das congregações daquela época.

A primeira pessoa que organizou um Cânon do Novo Testamento foi um herege de nome Márcion.

Ele, com muita luta, conseguiu fundar uma seita que era encontrada na Síria ainda no século V. Seu Cânon do Novo Testamento foi produzido segundo sua própria doutrina. Ele achava que o Deus do Antigo Testamento e o Cristo dos cristãos não eram o mesmo. Segundo ele, o Deus do Antigo Testamento era justo, mas não era bom, revelando-se cruel e sanguinário. Seu Cânon era formado por dez epístolas de Paulo e do Evangelho de Lucas, do qual ele extraiu todas as referências do Antigo Testamento. A ordem de seu Cânon era esta: Gálatas, Coríntios, Romanos, Tessalonicenses, Lauodicenses, Colossenses, Filipenses e Filemon. O prólogo de Márcion dava grande ênfase à obra de Paulo que corrigia o ensino de falsos profetas.

No ano 160, os Evangelhos já eram bem conhecidos, tanto no Oriente como no Ocidente, mas ainda não estava formado o "Corpus Evangelicum", ou seja, ainda não circulavam como um bloco. O valor do agrupamento dos quatro evangelhos é mais notado quando se verifica que mesmo nos "meados do Século Segundo, circulava o Evangelho segundo os Hebreus, o Evangelho dos Nazarenos, o Evangelho Segundo Pedro, o Proto-evangelho de Tiago, o Evangelho segundo os Egípcios, o Evangelho da verdade"[26], contudo nenhum deles veio a se constituir em sério rival para os Evangelhos canônicos.

Em 1740, foi publicado um manuscrito em latim por Muratori. Este manuscrito contém o chamado Cânon Muratoriano. Ele "omite Tiago, 1 e 2 Pedro e Hebreus, mas as lacunas do MS não permitem uma

---

26 BITTENCOURT, B. P. **O Novo Testamento**: Cânon — língua — texto. São Paulo, ASTE, 1965, p. 38-39.

conclusão final, a não ser no caso de Hebreus.[27] O autor deste Cânon repudiava também as obras de alguns hereges, entre os quais destaca Valentino e Basílides.

O *Decretum Gelasianum* continha uma lista oficial dos livros canônicos incorporados ao concílio de 382 reunido em Roma. Ele perdeu seu interesse para a história do Cânon quando E. Von. Dobsehutz comprovou que era uma obra particular de um clérigo da primeira metade do século sexto.

Foi Atanásio quem, na Carta de Páscoa de 367, apresentou a primeira lista dos 27 livros do Novo Testamento como sendo canônicos. Ele deixou de lado a oposição a que alguns livros estavam sendo submetidos e fez uma distinção clara entre os livros canônicos e os apócrifos. Seu Cânon prevaleceu sobre o de Eusébio, que incluía apenas 26 livros.

Segundo Bittencourt, "a história do Cânon foi concluída no Ocidente no começo do século quinto, cem anos mais cedo que no Oriente",[28] isto porque no Leste persistia a resistência contra a inclusão do Apocalipse, e também das epístolas católicas. Mas Gundry afirma que "no século IV d.C., todos os nossos livros do Novo Testamento já haviam sido reconhecidos de modo geral, ao passo que outros livros tinham sido rejeitados. Os concílios eclesiásticos dos séculos IV e V d.C. meramente formalizaram a crença e a prática então existente, no que concerne ao Cânon do

---

27 BITTENCOURT, B. P. **O Novo Testamento**: Cânon — língua — texto. São Paulo, ASTE, 1965, p. 41.
28 BITTENCOURT, B. P. **O Novo Testamento**: Cânon — língua — texto. São Paulo, ASTE, 1965, p. 41.

Novo Testamento".[29] Contudo sabemos que um escritor de nome Andre escreveu um comentário sobre o Apocalipse, no ano 500, defendendo-o como livro inspirado por aquela época. E Leôncio, em 530, pronunciou uma palestra em Jerusalém na qual disse que o Apocalipse é o último livro canônico da Igreja.

5.5 Resumo

Acreditamos que ficou claro nesta lição que o estabelecimento de um Cânon foi necessário. Diante da vasta quantidade de livros escritos para cristãos e sobre Cristo, alguns bons, outros nem tanto, e outros até mesmo com ensinos heréticos, a Igreja tinha que tomar uma posição. Isto não aconteceu da noite para o dia, nem de forma tranquila, mas resultou em uma relação coerente e confiável que foi aceita pela grande maioria dos cristãos.[30]

Sugestão de bibliografia para pesquisa

Veja mais sobre estes assuntos em:

KOESTER, Helmut. **Introdução ao Novo Testamento**: história e literatura do cristianismo primitivo. São Paulo: Paulus, 2005, p. 1-17.

---

29 GUNDRY, Robert H. **Panorama do Novo Testamento**. São Paulo: Vida Nova, 1981, p. 62.
30 Este é ponto de destaque da lição.

6. A BÍBLIA E SUAS TRADUÇÕES

6. A Bíblia e suas traduções

6.1 Objetivo

O estudante conhece um pouco da história das traduções da Bíblia e entende a necessidade da existência delas.

6.2 Introdução

Os livros da Bíblia foram escritos há muito tempo, em hebraico, aramaico e grego. Se tivessem permanecido restritos a essas línguas originais, somente uma parte ínfima da humanidade teria acesso aos seus escritos. Ela só estaria ao alcance dos eruditos da área. Diante da importância desta coleção, desde muito cedo, assim que começaram a surgir dificuldades para se entender o significado de seu conteúdo, a Bíblia começou a ser traduzida para outras línguas. O processo, que começou lento, cresceu e, na modernidade, tornou-se algo extraordinário, atingindo um número elevadíssimo de traduções que está acima de qualquer outro texto escrito, em qualquer tempo e lugar.

Para que se tenha uma ideia da importância que as traduções da Bíblia atingiram no decorrer dos anos, basta citar a informação que o Dr. A. Miller Milloy, secretário-geral das Sociedades Bíblicas Unidas, fornece em um artigo que aparece publicado na revista *A Bíblia no Brasil*. Ali ele destaca que em 1900 a Bíblia já estava traduzida para 620 idiomas. Mas, muito mais impressionante do que isto, ele também informa que em 2009 esse número já havia mudado para 2.479 idiomas,[31] sem contar, é claro, as inúmeras versões e atualizações que ocorrem dentro dos escritos destas línguas diversas, pois ele só estava se referindo às línguas e não às versões em geral.

Vejamos um pouco da história e da importância de algumas destas versões, destacando as primeiras versões e outras que estão na língua portuguesa.

6.3 As primeiras versões

Logo se percebeu que os livros da Bíblia eram muito preciosos para que permanecessem apenas em suas línguas originais. Não bastava ler um texto considerado Palavra de Deus, era necessário que se entendesse, e bem, as suas mensagens. Vejamos as primeiras versões que foram produzidas.

6.3.1 Os targuns

Os targuns aramaicos do Antigo Testamento são as traduções mais antigas de porções da Bíblia que surgiram. Na verdade, elas são paráfrases e não traduções verdadeiramente ditas. Surgiram, assim como outras surgiram e têm surgido, para suprir a necessidade de compreensão. Como os judeus palestinos, depois do chamado Exílio Babilônico, não compreendiam bem o hebraico, que era a língua do Antigo Testamento, surgiu o costume de se utilizar uma versão aramaica para

---
31 MILLOY, A. Miller. A Importância da Distribuição da Bíblia Sagrada. **A Bíblia no Brasil**, n. 227, ano 62, p. 34, abr./jun. 2010.

acompanhar a leitura dos textos hebraicos que eram lidos durante os cultos nas sinagogas. São conhecidos na atualidade manuscritos do targum que traduzem para o aramaico tanto o Pentateuco como os livros proféticos e também a maior parte do restante do Antigo Testamento.[32]

6.3.2 A Septuaginta (LXX)

A Septuaginta pode ser chamada de primeira tradução da Bíblia. Ela foi produzida para suprir, especialmente, as necessidades dos judeus de fala grega e não dos palestinos, que falavam o aramaico em seu dia a dia. Ela foi feita em partes. A primeira parte, o Pentateuco, foi traduzida durante o reinado de Ptolomeu Filadelfo (285-246 a.C.), na cidade de Alexandria, no Egito. As demais porções foram traduzidas nos próximos dois séculos. Há uma tradição que aponta este feito para um grupo de 70 ou 72 eruditos, daí o seu nome Septuaginta, que significa "setenta". Normalmente, ela é indicada na literatura pela simples utilização dos algarismos romanos LXX, que equivalem ao número arábico 70.

6.3.3 As Versões Siríacas

Não só as versões do Antigo Testamento são importantes, mas também as do Novo Testamento. Newman Jr. explica que "já em 150 d.C., o Novo Testamento foi traduzido para o siríaco, dialeto do aramaico falado na Síria e na Mesopotâmia. Perto do fim

---

[32] NEWMAN, Jr. Barclay M. As Escrituras Traduzidas. *In*: ALLEN, Clifton J. (ed. ger.) **Comentário Bíblico Broadman**: Velho Testamento. 2. ed. Rio de Janeiro: JUERP, 1986, p. 35.

do quarto século, as versões siríacas existentes foram revisadas, com base no grego, e a tradução resultante tornou-se conhecida como *Peshita*, ou versão "simples",[33] incluindo o Antigo e o Novo Testamento utilizados pela Igreja Síria.

Talvez seja bom destacar o significado de *Peshita*, "simples", o que aponta para a necessidade de produzir versões que possam ser bem compreendidas por seus leitores.

6.3.4 As Versões Latinas

Não está claro quando e onde surgiram as primeiras versões latinas. Newman Jr., tratando deste assunto, escreve o seguinte:

> A versão Latina Antiga, segundo se crê, data, aproximadamente, do mesmo tempo que as primeiras versões siríacas, e parece ter-se originado no Norte da África, embora algumas pessoas argumentem que tenha sido Antioquia da Síria, ou Roma, o seu lugar de origem. O Velho Testamento não foi traduzido diretamente do hebraico, mas da Septuaginta. Aparentemente, no quarto século havia várias versões latinas competindo umas com as outras. Desta forma, o Papa comissionou Jerônimo para revisar a Bíblia latina, o que ele fez usando o texto hebraico como base para a sua versão do Velho Testamento. A tradução de Jerônimo é conhecida como a Vulgata ou versão "comum".[34]

---

33 NEWMAN, Jr. Barclay M. As Escrituras Traduzidas. *In*: ALLEN, Clifton J. (ed. ger.) **Comentário Bíblico Broadman**: Velho Testamento. 2. ed. Rio de Janeiro: JUERP, 1986, p. 35.

34 NEWMAN, Jr. Barclay M. As Escrituras Traduzidas. *In*: ALLEN, Clifton J. (ed. ger.) **Comentário Bíblico Broadman**: Velho Testamento. 2. ed. Rio de Janeiro: JUERP, 1986, p. 35.

6.3.5 As Versões Cópticas

O cóptico é uma modernização da antiga língua egípcia. Ela é escrita com os caracteres gregos acrescidos de algumas letras que representam os sons consonantais que não existem no grego. Um dos mais importantes dialetos cópticos é o saídico. O Novo Testamento foi traduzido para essa língua em 200 d.C., e no decorrer de um século a maior parte dos livros da Bíblia apareceu nessa língua. A base para os trabalhos de tradução do Antigo Testamento foi a Septuaginta e não o texto hebraico. Mais tarde, surgiram traduções para outros dialetos cópticos, dos quais se destacou a tradução em boarítico que acabou superando as demais versões cópticas.[35]

6.3.6 Outras Versões Antigas

Neste ponto, ainda cabe destacar o surgimento de mais algumas versões antigas. Newman Jr. destaca o seguinte: "A primeira versão em uma língua teutônica foi a Versão Gótica, feita pelo erudito Bispo Ulfilas, nos meados do quarto século. Uma tradução armênia foi feita no quinto século, por Meshrop, que inventou o alfabeto armênio, e por Sahak, o Pariarca. Meshrop também inventou o alfabeto geórgio, embora não seja conhecido o autor da tradução das Escrituras em geórgio (quinto século).[36]

---

[35] NEWMAN, Jr. Barclay M. As Escrituras Traduzidas. *In*: ALLEN, Clifton J. (ed. ger.) **Comentário Bíblico Broadman**: Velho Testamento. 2. ed. Rio de Janeiro: JUERP, 1986, p. 35-36.

[36] NEWMAN, Jr. Barclay M. As Escrituras Traduzidas. *In*: ALLEN, Clifton J. (ed. ger.) **Comentário Bíblico Broadman**: Velho Testamento. 2. ed. Rio de Janeiro: JUERP, 1986, p. 36.

Muitas outras versões em línguas modernas poderiam ser destacadas aqui, mas este não é o propósito. Basta perceber que sempre houve a preocupação de se providenciar versões da Bíblia que fossem compreendidas pelos leitores de épocas e lugares diferentes. A Bíblia é um tesouro que não pode ficar escondido nas versões envelhecidas. Sempre serão necessárias novas versões, em nova línguas, e nas línguas em que ela já existe, para que suas mensagens continuem vivas, falando aos leitores de cada época e lugar.

6.3.7 A Bíblia em português

Os primeiros textos bíblicos traduzidos para o português foram traduções parciais, resumos históricos e paráfrases. No distante ano de 1320, no reinado de Dom Dinis, foram publicados em português o Livro de Atos dos Apóstolos e uma história abreviada do Antigo Testamento.[37] Era o início de uma bela história, impossível de ser contada aqui, mas podemos descrevê-la, parcialmente, destacando seus pontos principais em uma linha do tempo baseada, principalmente, na oferecida por Luiz Antonio Giraldi.[38]

Veja com o fica:

1753 – Primeira edição da Tradução de João Ferreira de Almeida, em dois volumes.

1790 – Primeira edição da Tradução do Padre Antônio Pereira de Figueiredo. Produção católica em 23 volumes.

---

[37] MILLER, Stephen M. HUBERT, Robert V. **A Bíblia e sua história**: o surgimento e o impacto da Bíblia. Barueri, SP: Sociedade Bíblica do Brasil, 2006, p. 224.

[38] GIRALDI, Luiz Antonio. **História da Bíblia no Brasil**. Barueri, SP: Sociedade Bíblica do Brasil, 2008, p. 248-249.

1804 – Segunda edição revisada da Tradução do Padre Antônio Pereira de Figueiredo.

1819 – Publicação da Tradução de João Ferreira de Almeida em um só volume.

1842 – Versão Revista e Reformada da Tradução de João Ferreira de Almeida, em 25 volumes.

1875 – Tradução de João Ferreira de Almeida, em sua nova Versão Revista e Corrigida.

1894 – Tradução de Almeida na Versão Revista e Corrigida, com revisão ortográfica de João Nunes chaves.

1898 – Primeira edição da Versão Revista e Corrigida da Tradução de João Ferreira de Almeida.

1900 – Segunda edição da Versão Revista e Corrigida da Tradução de João Ferreira de Almeida, em um só volume, com títulos, referências e mapas.

1904 – Edição da Tradução do Padre Antônio Pereira de Figueiredo, com novas notas do Padre Santos Farinha.

1917 – Primeira edição da Tradução Brasileira – Primeira tradução completa da Bíblia traduzida no Brasil.

1932 – Tradução católica de Matos Soares, a partir do latim, do texto da Vulgata.

1957 – Bíblia Católica Ave Maria.

1959 – Edição Revista e Atualizada da Tradução de João Ferreira de Almeida.

1959 – Tradução católica dos Monges Beneditinos.

1967 – Tradução de João Ferreira de Almeida. Versão revisada "de acordo com os melhores textos hebraico e grego".

1968 – Tradução católica dos Padres Capuchinhos.

1981 – A Bíblia Viva – uma paráfrase traduzida do inglês.

1981 – Primeira edição em português da Bíblia de Jerusalém, edição católica que consiste em uma tradução baseada na Bíblia de Jerusalém francesa.

1988 – A Bíblia na Linguagem de Hoje.

1993 – Tradução em português corrente – Versão Revista e Atualizada, 2.ª edição da Tradução de João Ferreira de Almeida.

1994 – Tradução Ecumênica da Bíblia.

1995 – Versão Revista e Corrigida, 2.ª edição da Tradução de João Ferreira de Almeida.

1997 – Bíblia Alfalit Brasil.

1998 – Edição Contemporânea da Tradução de João Ferreira de Almeida.

2000 – Nova Tradução na Linguagem de Hoje.

2001 – Bíblia Sagrada, tradução católica oficial da Conferência Nacional dos Bispos do Brasil.

2001 – Nova Versão Internacional.

2002 – Bíblia do Peregrino, tradução católica realizada por Luís Alonso Schökel.

Também é importante agregar a esta lista fornecida por Giraldi a primeira tradução judaica do hebraico para o português, que ocorreu com a publicação da Bíblia Hebraica, em 2006. À primeira vista, o título que lhe foi dado parece incoerente, pois fica um pouco estranho de se referir a ela como "Bíblia Hebraica em Português", mas dá para entender. Ela é composta de todos os livros que aparecem na Bíblia Hebraica, ou seja, os mesmos do Antigo Testamento Evangélico, em hebraico, na ordem em que são utilizados no Cânon Hebraico.

6.4 Resumo

Alguns leitores modernos ficam assustados com a quantidade de versões da Bíblia que existe. Afinal, pensam eles, a Bíblia não é uma só? Sim, ela é uma só, mas necessariamente tem que ser apresentada em várias versões que procurem, sempre, atualizar a sua linguagem para que as novas gerações também possam desfrutar dos seus ensinos. Assim, podemos dizer: novas versões são sempre bem-vindas, desde que baseadas nos textos originais, com o objetivo claro de transmitir da melhor forma possível os ensinamentos da Bíblia. Ao mesmo tempo, diante de tudo o que foi visto até aqui, percebemos a importância de se conhecer, também, as línguas originais, para que as novas versões possam ser produzidas e julgadas à luz do que, verdadeiramente, foi escrito pelos autores bíblicos.

Sugestão de bibliografia para pesquisa

Veja mais sobre estes assuntos em:

MILLER, Stephen M. HUBER, Robert V. **A Bíblia e sua história**: o surgimento e o impacto da Bíblia. Barueri, SP: Sociedade Bíblica do Brasil, 2006, p. 224-225.

7. OS MANUSCRITOS DO ANTIGO TESTAMENTO

7. Os manuscritos do Antigo Testamento

7.1 Objetivo

O estudante conhece os materiais e o conteúdo geral dos principais manuscritos do Antigo Testamento.

7.2 Introdução

Desde os primeiros escritos da Bíblia, até que surgisse a invenção da imprensa no século XV, os textos bíblicos, assim como os demais, foram produzidos e transmitidos manualmente, escritos em materiais muito rústicos. Os materiais utilizados na antiguidade, de início, eram os seguintes: tabletes de barro, pedra, osso, madeira, vários metais, cobre e cerâmica, além do pergaminho e do papiro, materiais mais sofisticados.

Não temos dúvidas de que muitas partes do Antigo Testamento, antes de serem colocadas por escrito, foram transmitidas oralmente. "[...] muitos estudiosos dizem que nenhum dos livros da Bíblia estava escrito em sua forma final até, no mínimo, a época de Davi. E, mesmo séculos depois que o último dos livros da Bíblia havia sido escrito, as pessoas continuavam transmitindo oralmente as suas histórias, leis, princípios e ensinamentos de todos os tipos".[39]

---

[39] MILLER, Stephen M. HUBERT, Robert V. **A Bíblia e sua história**: o surgimento e o impacto da Bíblia. Barueri, SP: Sociedade Bíblica do Brasil, 2006, p. 13.

Também temos informações na própria Bíblia a respeito de partes dela que foram escritas, e assim transmitidas, ainda que não dentro do conjunto de livros como hoje conhecemos. Um exemplo claro disto está em Êxodo 31.18, que apresenta a informação a respeito de leis escritas em tábuas de pedra. O texto diz assim, na versão Almeida Século 21: "Quando acabou de falar com Moisés no monte Sinai, deu-lhe as duas tábuas do testemunho, tábuas de pedra, escritas pelo dedo de Deus". Logo na sequência, temos uma informação a respeito do aproveitamento do material de escrita. Ele era escrito dos dois lados. Veja o que o texto informa: "Então Moisés voltou-se e desceu do monte com as duas tábuas do testemunho na mão, tábuas escritas dos dois lados, na frente e no verso" (Êxodo 32.15).

Aqui destacaremos alguns dos principais escritos da antiguidade que chegaram até nós como testemunhas do texto original do Antigo Testamento.

7.3 Os manuscritos destruídos

Infelizmente, não temos conhecimento de nenhum texto bíblico original, no sentido em que pudéssemos dizer: este é o que foi escrito pelo próprio autor, é produto das mãos de Davi, Salomão, Isaías ou outro. O que temos são cópias, em muitos casos apenas fragmentos de cópias, daqueles textos escritos pelos autores da Bíblia. Assim, quanto mais antigos os manuscritos, mais valiosos, pois menos chances têm de conter possíveis erros ocasionados pelo sucessivo processo de cópias e transmissão.

Para complicar um pouco mais a situação, muitos manuscritos antigos foram destruídos no passado. Por exemplo, antes da revolta judaica conhecida como a revolta dos Macabeus, ocorrida em 167 a.C., os sírios conseguiram destruir a maior parte dos manuscritos existentes. O rei Antíoco Epifânio, em seu desejo de destruir a religião judaica, não só atuou contra o seu culto, proibindo-o, mas também destruiu muitos dos seus escritos.[40] Com certeza, preciosas cópias, produzidas em época bem próxima dos originais, foram perdidas neste período.

Muitos outros manuscritos foram destruídos pelos próprios judeus, exatamente por causa da extrema reverência que tinham em relação a eles. Veja o que Viertel conta a respeito da descoberta deste fato.

> Durante a reconstrução da velha sinagoga do Cairo (Egito) em 1890, cerca de 200.000 fragmentos de escritos bíblicos e outros foram desenterrados. Para evitar o uso indevido de um manuscrito que continha o Nome Sagrado, os judeus colocavam os manuscritos estragados em uma "genisa" (esconderijo) até que fossem destruídos pelo enterramento. Esta prática explica a razão por que velhos manuscritos não sobreviveram. Os fragmentos de Genisa do Cairo são datados do século 6 a 9 A.D.[41]

---

40 VIERTEL, Weldon E. **A interpretação da Bíblia**. 4. ed. Rio de Janeiro: JUERP, 1989, p. 130.

41 VIERTEL, Weldon E. **A interpretação da Bíblia**. 4. ed. Rio de Janeiro: JUERP, 1989, p. 130.

7.4 Os manuscritos do Mar Morto

O ano de 1947 foi marcante para os estudos do texto do Antigo Testamento e sua transmissão. Em cavernas próximas ao Mar Morto, foram descobertos um livro completo de Isaías e fragmentos de todos os demais livros do Antigo Testamento, exceto do livro de Ester. Estes textos pertenciam à biblioteca de uma comunidade judaica que esteve estabelecida naquela região entre os anos 130 a.C. a 70 d.C.[42] Em especial, este achado do Livro de Isaías possibilitou que os estudiosos se aproximassem mais de mil anos dos textos originais do Antigo Testamento, o que chamamos de autógrafo, pois sua datação é de 100 a.C., enquanto o mais antigo manuscrito hebraico, substancial, fora o Papiro Nash, conhecido até aquela época, o chamado Codex Orientalis de Londres, composto apenas de fragmentos, é, no máximo, da metade do século IX d.C.[43]

Como o Papiro Nash foi mencionado no parágrafo anterior, é bom dar uma palavra informativa a respeito dele. De acordo com Läppel:

> Até a descoberta dos manuscritos do Mar Morto, o chamado Papiro Nash representava o mais antigo manuscrito bíblico em língua hebraica. Descoberto em 1902 no Médio Egito nos arredores de Fayun, foi adquirido pelo inglês W. L. Nash e doado à Biblioteca da Universidade de Cambridge. Contém dois trechos de Êxodo e do Deuteronômio, entre os quais os

---

42 VIERTEL, Weldon E. **A interpretação da Bíblia**. 4. ed. Rio de Janeiro: JUERP, 1989, p. 130-131.

43 LÄPPLE, Alfred. **A Bíblia hoje:** documentação de história, geografia e arqueologia. 3. Ed. São Paulo: Paulinas, 1984, p. 36.

Dez mandamentos, e remonta provavelmente ao primeiro ou segundo século depois de Cristo; alguns especialistas, porém, se inclinam a atribuí-lo à época pré-cristã.[44]

7.4.1 O texto massorético

Por volta do ano 100 d.C., eruditos judeus produziram uma edição padronizada do Antigo Testamento. Como era normal até aquela época, este texto não utilizava vogais. Isso fez com que ele ficasse conhecido como texto consonantal, ou seja, escrito apenas com consoantes. Com o passar do tempo, porém, à medida que a leitura correta do texto ia se tornando difícil, pela falta de vogais, sucessivos editores foram acrescentando a ele muitos sinais para a orientação da leitura correta. Estes sinais consistiam de pontos, acentos e símbolos que representavam as vogais, além de notas que eram colocadas tanto às margens como no início e no final dos manuscritos. A intenção dos que faziam este trabalho era manter a leitura tradicional, preservar a sonoridade costumeira das palavras. Esses trabalhadores ficaram conhecidos como Massoretas, termo que deriva da palavra Massorá, que significa "tradição". Assim, o texto estabelecido pelos Massoretas ficou conhecido como o "texto massorético", texto que tem sido utilizado como base para as traduções modernas.[45]

A edição atual padrão do Antigo Testamento, utilizada nas traduções da língua original para as

---

[44] LÄPPLE, Alfred. **A Bíblia hoje**: documentação de história, geografia e arqueologia. 3. Ed. São Paulo: Paulinas, 1984, p. 27.

[45] VIERTEL, Weldon E. **A interpretação da Bíblia**. 4. ed. Rio de Janeiro: JUERP, 1989, p. 132.

demais línguas modernas, a chamada Bíblia Hebraica Stuttgartênsia, contém o texto massorético do Códice de Leningrado, como base, e um aparato crítico que apresenta outras possibilidades de leituras encontradas em diversos manuscritos. Este códice é a cópia completa mais antiga que existe da Bíblia Hebraica. Ele é datado de 1010 d.C.[46]

Está em preparação para substituir a Bíblia Hebraica Stuttegartênsia a Bíblia Hebraica Quinta. Também ela terá sua base no Códice de Leningrado, mas com um novo aparato crítico, apresentando as descobertas das últimas décadas. Alguns livros da Bíblia Hebraica Quinta já estão prontos e disponíveis para o público.

7.5 Resumo

Fica claro nesta lição que o trabalho de se chegar ao texto original, aquilo que os autores escreveram e estava nos autógrafos, não é nada fácil, pois são poucos os textos em bom estado que chegaram até nós. Contudo, é animador saber que os textos utilizados hoje como base para as nossas traduções, tomando-se o exemplo dos escritos de Isaías encontrados em Qumram, nas cavernas do Mar Morto, concordam quase que totalmente com manuscritos anteriores à era atual. Isto mostra que o Antigo Testamento tem sido muito bem preservado.

---

[46] MILLER, Stephen M. HUBERT, Robert V. **A Bíblia e sua história**: o surgimento e o impacto da Bíblia. Barueri, SP: Sociedade Bíblica do Brasil, 2006, p. 220.

Sugestão de bibliografia para pesquisa

Veja mais sobre estes assuntos em:
MILLER, Stephen M. HUBER, Robert V. **A Bíblia e sua história**: o surgimento e o impacto da Bíblia. Barueri, SP: Sociedade Bíblica do Brasil, 2006, p. 218-219.

8. OS MANUSCRITOS DO NOVO TESTAMENTO

8. Os Manuscritos do Novo Testamento

8.1 Objetivo

O estudante conhece os materiais e o conteúdo geral dos principais manuscritos do Novo Testamento.

8.2 Introdução

Assim como não temos um texto, ou mesmo um fragmento de texto, do Antigo Testamento, que possamos dizer que é original, no sentido de ser um autógrafo, produto escrito pelo próprio autor, também não podemos dizer que temos algum do Novo Testamento. E isso não é de admirar, pois está de acordo com os costumes da época em que eles foram produzidos. Não havia uma preocupação, antiquaria, de se preservar algo antigo, mesmo um texto sagrado. Quando um manuscrito destes ficava desgastado pelo uso e pelo tempo, normalmente, ele era transcrito para outro material e depois destruído ou enterrado. Esse costume, que era preservado pelos judeus, também passou para o cristianismo. Acrescente a isso, ainda, as dificuldades causadas pelas perseguições. Não foram poucos os editos que levavam o povo a entregar os escritos cristãos para que fossem queimados.[47]

À primeira vista, isso pode dar a impressão de que a credibilidade dos escritos neotestamentários está

---

[47] LÄPPLE, Alfred. **A Bíblia hoje**: documentação de história, geografia e arqueologia. 3. Ed. São Paulo: Paulinas, 1984, p. 127.

em perigo, mas não é bem assim. Veja o que Läpple diz sobre o assunto e perceba o quão confiáveis são os escritos que temos do Novo Testamento. Ele diz, falando da falta de autógrafos e da "escassez" de escritos:

> Estas lacunas, todavia, não são nenhum argumento contra a credibilidade do texto transmitido. Para os grandes poetas gregos (Èsquilo, Eurípides, Sófocles) e para os filósofos (Platão, Aristóteles) o tempo que medeia entre a composição da obra e o primeiro manuscrito que nos resta é não menos de 1200 anos. Para os maiores poetas e escritores latinos (Ovídio, Horácio, César, Cícero, Tácito) medeiam 800–1100 anos. Mesmo no caso mais afortunado, o do poeta romano Virgílio, cujas obras foram continuamente escritas como livro de textos dos jovens romanos, o intervalo é de 350 anos. Em comparação com estas grandes distâncias, a situação das fontes no que se refere ao Novo Testamento é singularmente afortunada.[48]

Ele ainda dá um exemplo marcante a respeito da confiança que se pode ter no texto do Novo Testamento, lembrando que o Evangelho de João, escrito no ano 95 d.C., não está distante mais do que 40 anos do manuscrito mais antigo que temos dele, e que os manuscritos mais completos estão distantes, apenas, cerca de 200-250 anos, cem a menos que os de Virgílio. E para fechar o seu argumento, Läpple cita Rudolf Thiel falando da providência divina em relação à preservação destes escritos. Para ele, Deus não somente deu a Bíblia para a humanidade, mas, além disso,

---

48 LÄPPLE, Alfred. **A Bíblia hoje**: documentação de história, geografia e arqueologia. 3. Ed. São Paulo: Paulinas, 1984, p. 127.

> também se preocupou a fim de que estes livros do Novo Testamento permanecessem essencialmente inalterados através dos séculos. Todo aquele, pois, que estiver familiarizado cientificamente com os manuscritos do Novo Testamento, deve admitir que nenhum livro da antiguidade foi transmitido com tanta limpidez, com tanta certeza e precisão quanto a Bíblia.[49]

Então, sem este tipo de preocupação, vejamos alguns dos manuscritos mais antigos do Novo Testamento e a importância deles para a preservação e transmissão do texto. Os manuscritos são muitos, aqui teremos apenas uma amostra.

8.2.1 O Papiro P 52 (Rylands grego)

Este pequeno, mas muito importante papiro, identificado como P 52, de acordo com as convenções internacionais, tem apenas 9 cm de altura por 6 de largura. Não passa de um fragmento de uma folha que deveria ter em torno de 21 x 20 cm, e contém 114 letras gregas que pertencem ao Evangelho segundo João.[50] Vejamos o que Bittencourt escreveu a respeito dele:

> P 52 – Pequeno fragmento adquirido por Bernard P. Grenfell em 1920, no Egito, para a Biblioteca John Rylands, de Manchester, mas perdido entre outros até que C. H. Roberts, em 1934, o identifica como o mais antigo MS. do Novo testamento. Roberts data-o da primeira metade do século segundo, no que é seguido pela autoridade de

---
49 LÄPPLE, Alfred. **A Bíblia hoje**: documentação de história, geografia e arqueologia. 3. Ed. São Paulo: Paulinas, 1984, p. 129.

50 LÄPPLE, Alfred. **A Bíblia hoje**: documentação de história, geografia e arqueologia. 3. Ed. São Paulo: Paulinas, 1984, p. 130.

Kenyon, Bell, Deissmann, Hatch e outros. Contém Jo 18.33, 37 e 38. É muito importante este pequeno papiro, pois mostra que o Quarto Evangelho, antes da metade do século, já havia alcançado uma cidade qualquer do Egito, distante da cidade onde o Evangelho deveria ter sido escrito, Éfeso, na Ásia menor, confirmando a data atualmente aceita para a composição desse Evangelho como sendo a última década do século primeiro. Houvera o ilustre professor de Tübingen, F. C. Bauer conhecido este fragmento em seu tempo e não teria afirmado que foi por volta do ano 160 que o Quarto Evangelho foi escrito.[51]

8.3 O papiro P 66 (Bodmer II)

Este papiro, também muito importante, foi apresentado à comunidade científica pelo professor Victor Martin, da Universidade de Genebra, em 1956. Pesquisas realizadas por H. Hunger, de Viena, em 1960, mostraram que o manuscrito remonta à primeira metade do século II d.C., o que o coloca como dois séculos mais antigo que os importantes Códice Vaticano, Sinaítico e Alexandrino. Apenas 104 de suas páginas foram conservadas inteiras, mas seu conteúdo é muito precioso. Elas contêm o Evangelho de João quase completo, faltam apenas os textos de 5.4 e 6.11-35. Ele possui uma forma quase quadrada (11,2 cm x 14,2) e consta de cinco partes. A primeira, terceira e quarta partes têm 5 folhas duplas, a segunda tem 4 e a quinta têm 8.[52]

---

51 BITTENCOURT, B. P. **O Novo Testamento**: cânon – língua – texto. 2. ed. Rio de Janeiro: JUERP; ASTE, 1984, p. 95.
52 LÄPPLE, Alfred. **A Bíblia hoje**: documentação de história, geografia e arqueologia. 3. Ed. São Paulo: Paulinas, 1984, p. 131.

8.4 Os Códices

Por volta do quarto século é que os rolos (antiga forma dos livros) deram lugar aos chamados códices (espécie de cadernos semelhantes aos livros atuais). Isto foi vital para que os livros da Bíblia fossem transmitidos juntos. A Igreja passou a produzir tanto o Antigo quanto o Novo Testamento nesta forma, escritos em grego no estilo uncial, ou seja, em letras maiúsculas. Os principais códices são os seguintes: Vaticano, Sinaítico, Alexandrino e Efraemi rescriptus. Vejamos algumas informações a respeito de cada um deles, principalmente, de acordo com Viertel.

8.4.1 Códice Vaticano (B)

Este códice foi datado da primeira parte do século IV (325 d.C.). Ele é um dos mais valiosos de todos os manuscritos da Bíblia grega. Está na Biblioteca do Vaticano e foi colocado à disposição dos eruditos somente no século XIX. Ele contém boa parte da Bíblia. Estão faltando, apenas, 46 capítulos de Gênesis, um grupo de 30 Salmos, e a parte do Novo Testamento que vai de Hebreus 9 em diante. Alguns eruditos acreditam que este códice fazia parte dos 50 exemplares da Bíblia que o Imperador Romano Constantino mandou preparar em 331 d.C.[53]

---

53 VIERTEL, Weldon E. **A interpretação da Bíblia**. 4. ed. Rio de Janeiro: JUERP, 1989, p. 135.

8.4.2 Códice Sinaítico (Alef)

Este também pode ser um dos volumes encomendados pelo Imperador Constantino. Viertel diz o seguinte a respeito dele:

> Este códice foi escrito no século 4, um pouco mais tarde que o Códice Vaticano. Foi conseguido do Mosteiro de Santa Catarina, no Monte Sinai, por Tischendorf em 1859. Enquanto ele visitava o mosteiro, viu folhas de pergaminho na cesta de papel. Estas eram parte de um exemplar da versão Septuaginta do Velho Testamento, escrito na forma antiga uncial (letras gregas maiúsculas). Ao ele tirar 43 folhas da cesta de papel, um monge casualmente observou que duas cestas de papel, contendo material idêntico, já tinham sido queimadas. Em sua terceira viagem ao Mosteiro, conseguiu um códice contendo o único exemplar conhecido e completo do Novo Testamento grego e a maior parte do Velho Testamento em escrita uncial (letras maiúsculas). Persuadiu os monges a fazer uma dádiva do referido documento ao Czar da Rússia. O Governo Britânico comprou o manuscrito da Rússia mais tarde, em 1933.[54]

8.4.3 O Códice Alexandrino (A)

Este é um pouco mais novo do que os anteriores. Ele foi escrito no quinto século, possui quase todo o Antigo Testamento, faltando poucas partes que foram mutiladas, e quase todo o Novo Testamento, com poucas lacunas[55].

---

54 VIERTEL, Weldon E. **A interpretação da Bíblia**. 4. ed. Rio de Janeiro: JUERP, 1989, p. 135.

55 VIERTEL, Weldon E. **A interpretação da Bíblia**. 4. ed. Rio de Janeiro: JUERP, 1989, p. 135.

8.4.4 O Códice Ephraemi rescriptus (C)

Este é um manuscrito do quinto século. Ele é chamado de reescrito porque foi apagado, no século XII, e suas folhas foram reutilizadas por Santo Efraim, para uma tradução grega de sermões. Tischendorf, utilizando elementos químicos, conseguiu o que parecia improvável, recuperou o texto que havia sido raspado para que o material recebesse nova escrita. Este tipo de material, pergaminho raspado para receber novo texto, é conhecido pelo nome latino de palimpsesto.[56] Ele contém fragmentos de todos os livros do Novo Testamento, com exceção de 2 Tessalonicenses e 2 João.[57]

8.5 Resumo

Tivemos nesta aula apenas uma amostra a respeito dos manuscritos conhecidos do Novo Testamento. Comparados com os manuscritos de qualquer autor não bíblico da antiguidade, eles são inúmeros, e muito importantes. Alfred Läpple, em 1984, já informava que havia perto de 4.700 manuscritos, dentre os quais contava perto de 70 papiros.[58] O importante, neste ponto de nosso estudo é perceber que o conteúdo do Novo Testamento, como o temos hoje, está muito bem preservado.[59] Os vários e bons manuscritos, como testemunhas fiéis, apontam para esta verdade.

---

56 VIERTEL, Weldon E. **A interpretação da Bíblia**. 4. ed. Rio de Janeiro: JUERP, 1989, p. 135.

57 LÄPPLE, Alfred. **A Bíblia hoje**: documentação de história, geografia e arqueologia. 3. Ed. São Paulo: Paulinas, 1984, p. 128.

58 LÄPPLE, Alfred. **A Bíblia hoje**: documentação de história, geografia e arqueologia. 3. Ed. São Paulo: Paulinas, 1984, p. 127.

59 Isto não pode ser esquecido pelo estudante.

Sugestão de bibliografia para pesquisa

Veja mais sobre estes assuntos em:
MILLER, Stephen M. HUBER, Robert V. **A Bíblia e sua história**: o surgimento e o impacto da Bíblia. Barueri, SP: Sociedade Bíblica do Brasil, 2006, p. 86-99.

9. O PERÍODO INTERTESTAMENTÁRIO — OS JUDEUS SOB O DOMÍNIO DOS PERSAS E DOS GREGOS

9. O Período Intertestamentário — Os judeus sob o domínio dos persas e dos gregos

9.1 Objetivo

O estudante conhece alguns fatos ocorridos na primeira parte do período chamado de intertestamentário e, com estes conhecimentos, entende melhor o conteúdo geral do Novo Testamento.

9.2 Introdução

O Antigo Testamento relata a história do povo de Deus, começando com os patriarcas e continuando desde o Êxodo, ao longo do período da monarquia, até o exílio babilônico e o eventual retorno do povo para a região de Judá. O Antigo Testamento termina com o povo já estabelecido em seu antigo território, que mais tarde vai ser conhecido como Palestina, com o Templo de Jerusalém reconstruído e a cidade de Jerusalém mais ou menos recuperada, ainda sob o controle dos persas. Mas, entre o ano 400 a.C. e o início do período abrangido pelo Novo Testamento, muitos acontecimentos importantes ocorreram. Assim, uma compreensão adequada deste período é necessária para que o estudante entenda melhor várias partes do Novo Testamento. Por isso, nesta introdução bíblica, não podemos deixar de lado o chamado Período Intertestamentário, aquele que cobre o período de tempo que há entre o Antigo e o Novo Testamentos. Apresentaremos, então, um resumo do período, principalmente, com base nas anotações de aulas do ex-professor da Faculdade Teológica Batista do Paraná, Keith Rogeres, o qual seguiu as linhas gerais propostas por H. I. Hester.

9.3 Divisões do período

Nós trataremos do assunto em três lições, para facilitar a apresentação, mas a história entre os testamentos pode ser dividida em quatro divisões muito claras. São elas:

1. O período persa (400-332 a.C.);
2. O período grego (332-167 a.C.);
3. O período da independência dos judeus;
4. O período romano.[60]

Como se vê, o ministério de Jesus e o surgimento da Igreja aconteceram dentro do Período Romano. Mas é necessário estudar, ainda que em linhas gerais, os quatro períodos, para se conseguir uma apreciação adequada do contexto histórico do Novo Testamento.

9.3.1 Os judeus sob os persas

Não podemos dar detalhes a respeito da conquista conseguida pelos persas sobre a Babilônia

---

[60] Este período teve seu início em 63 a.C. e adentrou, em muito, ao período do próprio Novo Testamento.

em 538 a.C. Basta dizer que, como súditos da Babilônia, os judeus tornaram-se sujeitos à autoridade e ao reinado de Ciro, o líder dos persas. Desde então, vários líderes persas lhes deram favores e privilégios. Ciro permitiu a volta dos judeus para a terra deles e deu-lhes, também, assistência e proteção nesse processo de regresso e restauração.[61]

Os judeus foram bem tratados pelos persas, tanto dentro da Pérsia como na região do antigo Estado de Judá. Eles não tinham liberdade total, mas enquanto estivessem observando as leis dos persas, não eram maltratados. Como já observamos, quando o Antigo Testamento terminou, há cerca de 400 a.C., os judeus ainda eram súditos dos persas. Esta situação continuou sem expressão de forte receio da parte dos judeus até o ponto em que o poder persa diminuiu e os gregos conquistaram a região.[62]

9.3.2 Os gregos

Este povo, que surgiu como uma grande nação e influenciou a história e a cultura do mundo, teve seu início sete séculos antes de seu líder mais famoso, Alexandre, o Grande. Eles ocupavam a parte sudoeste da Europa e algumas ilhas na região atualmente chamada Grécia. Os gregos conseguiram realizar grandes feitos em várias áreas. Atenas, a capital, era o centro intelectual em toda a história pré-cristã. Ali prosperavam todas as artes. Os gregos desenvolveram

---

[61] HESTER, H. I. **The Heart of New Testament**. Nashville, Tennessee: Broadman Press, 1981, p. 21.
[62] HESTER, H. I. **The Heart of New Testament**. Nashville, Tennessee: Broadman Press, 1981, p. 21.

o que alguns chamam de a mais sofisticada língua jamais conhecida. Na filosofia, literatura, artes plásticas, arquitetura, eles fizeram uma contribuição que nenhum outro povo conseguiu. Eles deram ao mundo homens como Sócrates, Platão, Aristóteles, Diógenes, Alexandre e muitos outros, que marcaram não apenas as épocas em que viveram, mas muitas outras, sendo importantes até mesmo na modernidade.[63]

A cultura rica e sofisticada dos gregos não ficou restrita a uma região, ela foi levada por zelosos entusiastas para o Oriente e para a Ásia. Felipe, rei da Macedônia, até sua morte em 334 a.C., queria realizar duas grandes ambições. A primeira era conseguir para a Grécia um lugar de liderança no mundo; a segunda era ter um filho capaz de tornar isso possível. As duas ambições foram realizadas na pessoa de seu filho Alexandre. Alexandre deu ao povo grego um novo e mais amplo conceito das suas possibilidades como nação e guardou em seu coração o desejo de conquistar o mundo.[64]

9.3.3 Alexandre, o Grande

Este homem afetou a vida de milhões de pessoas e dezenas de nações. Ele assumiu o trono em 335–334 a.C., e durante apenas 12 anos de reinado realizou mais do que qualquer outro homem antes dele. Ele venceu vários países vizinhos em batalha e derrotou as forças de Dario, o rei da Pérsia daquela época, em duas batalhas. Depois ele passou pela Síria e pela

---

[63] HESTER, H. I. **The Heart of New Testament**. Nashville, Tennessee: Broadman Press, 1981, p. 22.
[64] HESTER, H. I. **The Heart of New Testament**. Nashville, Tennessee: Broadman Press, 1981, p. 22.

Palestina até o Egito, quando, de caminho, passou por Jerusalém, a qual ele dominou sem maiores dificuldades militares. Há uma tradição, entre muitas outras a respeito dele e de sua relação com os judeus, que conta que Alexandre encontrou um grupo de sacerdotes perto da cidade e ficou tão impressionado com eles que acabou concedendo condições muito favoráveis quando negociou a rendição de Jerusalém.[65]

De Jerusalém, ele foi até o Egito, o qual, também, dominou rapidamente. Na costa do norte daquele país antigo, ele fundou uma nova cidade que levou o seu nome, Alexandria. Essa cidade existe até hoje em dia e tem figurado muitas vezes no palco da história mundial. Ainda não satisfeito, Alexandre levou seu exército de volta através da Palestina e Síria para enfrentar as forças de Dario em Arbelas. Em seguida, Alexandre ocupou Babilônia, Suza, Persépolis e Ecbatana. O rei Dario foi assassinado por um inimigo, naquela ocasião.[66]

Mesmo com essas vitórias, Alexandre não parou, continuou conquistando várias outras regiões do mundo daquela época. Talvez sua campanha mais ambiciosa tenha sido a tentativa de conquistar a Ásia, começando pela Índia. Ele conseguiu passar pelos rios Indo e Hispades, além de tomar Poros. Teria continuado até o rio Ganges, mas os seus próprios soldados o impediram. Mediante essa rebelião ele decidiu voltar.[67]

---

[65] HESTER, H. I. **The Heart of New Testament**. Nashville, Tennessee: Broadman Press, 1981, p. 22-23.
[66] HESTER, H. I. **The Heart of New Testament**. Nashville, Tennessee: Broadman Press, 1981, p. 22-23.
[67] HESTER, H. I. **The Heart of New Testament**. Nashville, Tennessee: Broadman Press, 1981, p. 23.

Extremamente orgulhoso de seus feitos e sucessos, Alexandre tornou-se vaidoso e passou a abusar na ingestão de bebidas alcoólicas. Debilitado, acabou ficando doente e com uma febre muito elevada morreu na Babilônia em 323 a.C., com apenas 33 anos de idade. Ainda que não seja automático o título de Alexandre, o Grande, ele certamente foi um homem de grande destaque na história do mundo. Por meio dele, muitos aspectos da rica cultura grega foram levados para outras partes do mundo conhecido naquele período.[68]

9.3.4 Os judeus sob o domínio de Alexandre

Ao longo de seu breve reinado, Alexandre demonstrava certa simpatia pelos judeus. Ele admirava suas qualidades e concedeu a eles cidadania em Alexandria, no Egito. Enquanto Alexandre viveu, os judeus não foram vítimas de maus-tratos ou discriminação. Sem dúvida, ele queria que os judeus aceitassem a filosofia grega, mas não há evidências de que ele teria forçado qualquer judeu a aceitá-la. Porém, depois de sua morte, os judeus entraram em uma das épocas mais tristes e amargas de toda a sua história.[69]

9.3.5 A divisão do Império Grego

Quando Alexandre morreu, em 323 a.C., não havia um homem suficientemente forte para substituí-lo

---

[68] HESTER, H. I. **The Heart of New Testament**. Nashville, Tennessee: Broadman Press, 1981, p. 23.
[69] HESTER, H. I. **The Heart of New Testament**. Nashville, Tennessee: Broadman Press, 1981, p. 24.

no poder. Assim, o seu extenso reino acabou sendo dividido. Desta divisão, quatro se destacam, todas governadas por um general que havia trabalhado com Alexandre. A Macedônia (a própria Grécia) ficou com Cassandro. O norte do Império, a parte armeniana, ficou com Lisímaco. A Síria ficou com o general Celeuco, e o Egito com Ptolomeu. As duas primeiras partes da divisão aqui citadas não têm muita importância para o estudante da Bíblia, por isso podemos deixá-las de lado nesta lição. Porém, uma atenção especial deve ser dada para as partes da Síria e do Egito, entre as quais ficava a região atualmente conhecida como Palestina, espaço ardentemente desejado tanto pelos reis gregos que estiveram governando no Egito como na Síria.

9.4 Resumo

Podemos dizer que a situação dos judeus, povo do qual viria o Messias, não mudou muito quando o poder mundial passou da Pérsia para a Grécia. Eles, que eram sujeitos a uma potência, passaram a servir outra. Contudo, com o surgimento de Alexandre, o Grande, não só a história dos judeus estava para sofrer grandes transformações, mas, até mesmo, a história mundial. O mundo nunca mais seria o mesmo. Sua influência pode ser sentida em muitos lugares, inclusive na língua em que foi feita a primeira versão da Bíblia, mais especificamente o Antigo Testamento, e escritos todos os livros do Novo Testamento. Entre outras influências, está a língua grega que permeou as relações internacionais por muito tempo.

Sugestão de bibliografia para pesquisa

Veja mais sobre estes assuntos em:
GUSSO, Antônio Renato. **Panorama histórico de Israel para estudantes da Bíblia**. 4. ed. Curitiba: A. D. Santos Editora, 2010, p. 171-176.

10. O PERÍODO INTERTESTAMENTÁRIO — OS JUDEUS SOB O DOMÍNIO DOS PTOLOMEUS E DOS SELÊUCIDAS

10. O período intertestamentário — Os judeus sob o domínio dos ptolomeus e dos selêucidas

10.1 Objetivo

O estudante conhece alguns fatos ocorridos no período chamado de intertestamentário, logo na sequência da divisão do Império Grego e, com estes conhecimentos, entende melhor o conteúdo geral do Novo Testamento.

10.2 Introdução

Vimos na lição anterior, que o Império de Alexandre, o Grande, foi dividido. Das divisões que aconteceram, duas dizem respeito diretamente ao povo judeu, pois a terra deles ficava entre duas delas, compostas da região da Síria e do Egito. Veremos nesta lição, ainda que de maneira reduzida, como foram as relações dos judeus com estes seus vizinhos. Mais uma vez, estamos utilizando como base as anotações de aulas do professor Kith Rogeres, pinçadas do livro de H. I Hester.

10.3 Os judeus sob o domínio dos ptolomeus

Logo depois da divisão do Império Grego, a Palestina ficou debaixo do domínio dos ptolomeus. Ptolomeu Soter era o general no poder e no início foi muito severo com os judeus. Mais tarde, ele reconheceu as boas qualidades do povo judeu e os tratou com mais consideração, inclusive colocando alguns em cargos de importância no seu reino.[70]

Soter foi sucedido por Filadelfo, também conhecido como Ptolomeu II. Este também tratou bem os judeus. Ele foi um líder capaz e deu uma tremenda contribuição à cultura mundial formando a Biblioteca de Alexandria, que chegou a ter três milhões de volumes. Essa biblioteca colossal foi destruída por seguidores de Maomé no século VII d.C.[71]

Foi durante o reinado de Filadelfo, que a primeira versão da Bíblia, versão grega do Antigo Testamento, foi preparada. A cultura grega tinha dominado o mundo mediterrâneo ao ponto de alguns judeus não mais conseguirem falar o hebraico, mas somente o grego. Judeus piedosos tinham medo de que os seus filhos não pudessem continuar o estudo das Escrituras Sagradas se essas não fossem traduzidas para o grego. Para suprir essa necessidade, a versão grega foi preparada.[72]

---

[70] HESTER, H. I. **The Heart of New Testament**. Nashville, Tennessee: Broadman Press, 1981, p. 24.

[71] HESTER, H. I. **The Heart of New Testament**. Nashville, Tennessee: Broadman Press, 1981, p. 24.

[72] HESTER, H. I. **The Heart of New Testament**. Nashville, Tennessee: Broadman Press, 1981, p. 24-25.

Este evento foi muito importante. Pela primeira vez tornou a mensagem do Antigo Testamento acessível às grandes massas. Como já foi destacado em lição anterior, o nome desta versão grega, Septuaginta, também representada pelo número 70 em algarismos romanos (LXX), deve-se à informação que 70 ou 72 estudiosos trabalharam no preparo desta versão. Porém, não existem evidências concretas que sustentem essa tradição.[73]

Para que se entenda melhor os problemas enfrentados pelos judeus nessa época, o estudante deve compreender o significado de helenismo, a filosofia de vida dos gregos. Helenismo era um meio de vida radicalmente diferente daquele normalmente aceito pelos judeus e, de fato, de qualquer outro povo oriental.[74] Vejamos, nas próximas linhas, alguns destaques que faziam parte deste estilo de vida e o impacto que causava.

1) A civilização da Grécia era essencialmente urbana. Ela se desenvolveu nas cidades e se espalhou em comunidades urbanas. No Oriente, as cidades eram meramente um agrupamento de casas e pessoas sem muito planejamento e normalmente dominadas por um tirano. O povo, em geral, era pouco mais do que escravos. Por outro lado, as cidades gregas eram bem planejadas e construídas, dando a importância para a beleza e expressão artística. O povo elegia os seus líderes, discutia assuntos públicos e participava de seu próprio governo.[75]

---

[73] HESTER, H. I. **The Heart of New Testament**. Nashville, Tennessee: Broadman Press, 1981, p. 24-25.

[74] HESTER, H. I. **The Heart of New Testament**. Nashville, Tennessee: Broadman Press, 1981, p. 25.

[75] HESTER, H. I. **The Heart of New Testament**. Nashville, Tennessee:

2) Para o grego, a vida era boa e deveria ser vivida na máxima intensidade. A saúde era a base de tudo. O ginásio de esportes era uma instituição popular onde os jovens se encontravam para exercícios e atividades sociais. Todo tipo de atividades eram encorajadas, tais como jogos, competições, danças, música, poesia e outras manifestações artísticas e culturais. Havia nas cidades gregas um estádio para competições atléticas, um hipódromo, para as corridas de cavalos puxando carros de guerra, e um teatro para as apresentações de drama.[76]

3) A literatura e a arte em geral ocupavam um lugar importante nas vidas dos cidadãos gregos. Eles tinham escolas, participavam de discussões filosóficas e mantinham centros para treinamento de jovens em artes plásticas. Todo prédio era decorado com esculturas, que eram estátuas de deuses ou de cidadãos importantes, ou, ainda, de filósofos ou atletas. Para o grego, uma cidade sem arte não era cidade. Eles desenvolveram uma língua extraordinária que foi tanto um instrumento de beleza como de precisão e sofisticação.[77]

4) Modas e maneiras de se vestir também eram diferentes entre os gregos. Eles se vestiam de maneira alegre, respeitando normas de moda e enfatizando a importância das aparências externas de um jeito que parecia frívolo, e até pecaminoso, aos judeus tradicionais.[78]

Broadman Press, 1981, p. 25.
76 HESTER, H. I. **The Heart of New Testament**. Nashville, Tennessee: Broadman Press, 1981, p. 25.

77 HESTER, H. I. **The Heart of New Testament**. Nashville, Tennessee: Broadman Press, 1981, p. 25.

78 HESTER, H. I. **The Heart of New Testament**. Nashville, Tennessee: Broadman Press, 1981, p. 26.

5) Entre os gregos, o prazer de todos os tipos não só era legítimo como também era desejável. A vida deveria ser vivida hoje, pois o amanhã podia não chegar. Ainda que adorassem muitos deuses, a religião tinha pouco lugar no dia a dia do povo.[79]

Diante de tudo o que foi dito, podemos nos perguntar se o problema enfrentado pelos judeus debaixo do poder dos gregos era: Podiam aceitar o helenismo e ficar fiéis à fé de seus antepassados? Alguns achavam que sim e, abertamente, abraçavam o helenismo. A maioria, porém, achou que não podia se tornar helenista sem trair a fé tradicional. Para esses, o helenismo era paganismo e deveria ser resistido até a morte.[80]

10.3.1 Os judeus sob o domínio dos selêucidas

Embora os ptolomeus tenham dominado a Palestina por volta do ano 323 a.C., este controle nunca foi totalmente estabelecido. Os selêucidas e os ptolomeus estiveram constantemente em guerras uns contra os outros, e o resultado destas lutas permaneceu em dúvida por muito tempo. Para se ter uma ideia da situação, basta dizer que no período dos primeiros 25 anos após a morte de Alexandre, o Grande, Jerusalém mudou de "dono" sete vezes. Durante os 125 anos (323-198 a.C.) em que os ptolomeus mantiveram o controle nominal da Palestina, aconteceram tantas guerras entre eles e os selêucidas que um registro exato do

---

[79] HESTER, H. I. **The Heart of New Testament**. Nashville, Tennessee: Broadman Press, 1981, p. 26.
[80] HESTER, H. I. **The Heart of New Testament.** Nashville, Tennessee: Broadman Press, 1981, p. 26.

período ainda é impossível. Finalmente, em 198 a.C., na batalha de Banmias, os ptolomeus foram derrotados e os selêucidas assumiram o controle efetivo da Palestina. A partir daí, os judeus entraram em uma das mais tristes e dolorosas épocas de toda a sua história.[81]

Antíoco III (o Grande), (223-187 a.C.), estava no poder quando a Palestina passou a ser controlada pelos selêucidas. Ele tentou conquistar o Egito, mas não conseguiu. Sabe-se pouco sobre o seu tratamento para com os judeus, mas, provavelmente, não tenha sido muito duro. Em 187, Seleuco IV assumiu o trono e reinou até 176 a.C. Durante seu reinado, não houve eventos importantes para que sejam destacados nesta lição, mas, depois dele, assumiu Antíoco IV, que levou muito sofrimento e perseguição aos judeus.[82]

Antíoco IV era neto de Antíoco, o Grande, e tinha dois apelidos. Por alguns ele era chamado de Epifaneo (o brilhante), por outros era conhecido pelo nome de Epimanes (o idiota). Havia razões para os dois apelidos porque de certa forma ele era um rei brilhante, mas, de outra, se mostrava incrivelmente estúpido e ingênuo. Ele era apaixonado pelo helenismo e sua principal ambição era impor os valores e filosofia gregos em todas as regiões de seu reino.[83]

Não muito depois de assumir como rei, Antíoco IV já teve dificuldades com os judeus de Jerusalém ao

---

81 HESTER, H. I. **The Heart of New Testament**. Nashville, Tennessee: Broadman Press, 1981, p. 26.
82 HESTER, H. I. **The Heart of New Testament**. Nashville, Tennessee: Broadman Press, 1981, p. 26.
83 HESTER, H. I. **The Heart of New Testament**. Nashville, Tennessee: Broadman Press, 1981, p. 27.

nomear para o Templo um sumo sacerdote que o povo não poderia aceitar. A mesma experiência se repetiu pouco tempo depois precipitando um agravamento entre ele e os judeus. Em 169 a.C., Antíoco esteve no Egito e, enquanto isso, chegaram notícias em Jerusalém a respeito de sua morte, o que não era verdade. Os judeus, pensando que ele havia morrido, imediatamente, fizeram uma celebração, comemorando esse acontecimento. Quando ele voltou para a Síria, passando por Jerusalém, aproveitou para se vingar e saquear o Templo.[84]

Com o passar do tempo, a desordem e a amargura só aumentaram, e Antíoco se entregou com cada vez mais zelo à tarefa de colocar os judeus no seu devido lugar e debaixo de seu controle absoluto. Por esse tempo, alguns líderes judeus que aceitavam o helenismo foram persuadidos a se esforçarem em fazer com que os demais judeus também obedecessem. Muitos judeus tradicionais foram presos, cerca de 40 mil foram mortos, e mais um grupo de mais ou menos 40 mil foram entregues como escravos. Mais tarde, ele enviou emissários às sinagogas proibindo o povo judeu de estudar a Lei. Essas tentativas resultaram em milhares de judeus mortos, tanto homens adultos como mulheres e crianças.[85]

Antíoco desejava acabar com o culto no Templo de Jerusalém. Ele saqueou o Templo e cancelou todas as festas religiosas. Os judeus foram proibidos de ler as Escrituras, de observar o sábado e de circuncidar os

---

[84] HESTER, H. I. **The Heart of New Testament**. Nashville, Tennessee: Broadman Press, 1981, p. 27.
[85] HESTER, H. I. **The Heart of New Testament**. Nashville, Tennessee: Broadman Press, 1981, p. 27.

seus filhos. Para demonstrar sua profunda rejeição ao judaísmo, Antíoco sacrificou uma porca no altar do Templo, cozinhou a carne e com a sopa resultante deste processo pichou as paredes do prédio. Também edificou um altar dedicado a Zeus no lugar do antigo altar. Essas e outras ações deste rei contra a religião dos judeus são chamadas de A Grande Abominação e se tornaram os principais motivos da revolta dos Macabeus, assunto que veremos na próxima lição.[86]

10.4 Resumo

Queremos destacar nesta conclusão dois fatos muito importantes.[87] O primeiro deles é que a primeira versão da Bíblia, ainda que apenas do Antigo Testamento, pois esta era a Bíblia dos judeus, e estamos falando de uma época anterior à do Novo Testamento, surgiu neste período. Sua tradução do hebraico para o grego foi um grande passo para a popularização das Escrituras Sagradas. Hoje, ela, em conjunto com o Novo Testamento, já se encontra em milhares de línguas e, sem dúvidas, tem influenciado positivamente a vida de muitas pessoas. O segundo destaque também é em relação à Bíblia. Antíoco percebeu que a força da religião dos judeus vinha das Escrituras e procurou destruí-las. Talvez esta tenha sido a primeira investida contra as Escrituras na história, não foi a última, muitas vieram depois dela, mas, da mesma maneira como as demais, essas investidas

---

86 HESTER, H. I. **The Heart of New Testament**. Nashville, Tennessee: Broadman Press, 1981, p. 27.

87 Estes dois fatos são os mais importantes desta lição.

sempre se mostraram ineficazes. Na verdade, sempre tiveram o efeito contrário daquele desejado por quem deseja destruí-las, pois na perseguição, tanto cristãos como judeus, sempre têm se mostrado corajosos e dispostos a sofrer pela fé que possuem.

Sugestão de bibliografia para pesquisa

Veja mais sobre estes assuntos em:

GUNNEWEG, Antonius H. J. **História de Israel**: dos primórdios até Bar Kochba e de Theodor Herzl até nossos dias. São Paulo: Editora Teológica: Edições Loyola, 2005, p. 244-255.

11. O PERÍODO INTERTESTAMENTÁRIO — OS MACABEUS

11. O Período Intertestamentário — Os Macabeus

11.1 Objetivo

O estudante conhece alguns fatos ocorridos no período chamado de intertestamentário, na época dos Macabeus, e, com esses conhecimentos, entende melhor o conteúdo geral do Novo Testamento.

11.2 Introdução

Vimos na aula anterior que os judeus encontraram grandes dificuldades no Período Grego. Isso os levou a se revoltarem contra os opressores. No início, a revolta era passiva, mas, mais tarde, em desespero, tornou-se bastante violenta. Antíoco subestimou a capacidade de reação dos judeus e, muito mais importante, nunca apreciou a profunda lealdade religiosa desse povo. Nessas circunstâncias, parecia que a situação do povo não oferecia qualquer possibilidade de êxito em uma luta contra os selêucidas. Porém, as aparências enganavam. Embora o povo não pudesse perceber, no início, eles estavam às vésperas de um dos períodos mais ricos e mais elevados em sua história como nação. Vejamos o que aconteceu.

11.3 Os Macabeus

Uma das famílias mais importantes e mais interessantes de toda a longa história dos judeus foi a família dos Macabeus. O patriarca da família foi Matatias, um velho sacerdote que vivia em uma aldeia chamada Modim, ao oeste de Jerusalém. Ele tinha cinco filhos, os quais se chamavam: João, Simão, Judas, Eleazar e Jônatas. Ele acabou liderando uma revolta que colocou toda essa família à frente do povo judeu. Os membros dessa família também são conhecidos como os "Hasmoncanos, por causa de Hasmom, bisavô de Matatias".[88] O nome mais conhecido, Macabeus, deriva do apelido conferido a um dos filhos de Matatias, Judas. Ele era chamado de Macabeu, termo que significa "Martelo".[89]

11.4 Matatias em Modim

Durante os dias mais terríveis da perseguição de Antíoco IV contra os judeus, um evento em particular acabou por desencadear a revolta dos judeus. Um emissário de Antíoco IV chegou a uma pequena aldeia de judeus, conhecida como Modim, para testar a lealdade do povo em relação ao opressor. Este emissário edificou um altar a Zeus e mandou Matatias e seus filhos, como cidadãos de destaque, oferecerem sacrifícios ao deus pagão, com a promessa de uma boa recompensa e favores da parte do rei. Mas a consciência de Matatias

---
88 GUNDRY, Robert H. **Panorama do Novo Testamento**. São Paulo: Vida Nova, 1981, p. 9.
89 HESTER, H. I. **The Heart of New Testament**. Nashville, Tennessee: Broadman Press, 1981, p. 28.

não permitia que fizesse isso. Assim, recusou-se a obedecer. Diante do impasse criado, outra pessoa se ofereceu para cumprir a ordem. Matatias, porém, reagiu de maneira violenta e acabou matando tanto o judeu que se dispusera a oferecer o sacrifício quanto o próprio emissário do rei. Vendo que não era possível voltar atrás, Matatias apelou para os demais judeus para que se juntassem a ele contra os gregos opressores. Ele, mais seus cinco filhos, com um grupo de zelosos fugiram para as montanhas e declararam guerra contra Antíoco IV.[90]

Vendo o exemplo de Matatias e seus seguidores, muitos outros judeus se uniram a eles e um grande exército foi formado. Matatias logo entregou o comando a seu filho, Judas. Este novo líder foi muito capaz. Ele inspirava confiança, sabia lutar, entendia de estratégias de guerra e utilizava sempre o elemento-surpresa em suas batalhas. Conhecedor da região em que atuava e contando com a lealdade de seus compatriotas, acabou por se tornar o maior militar de seu povo.[91]

11.5 Judas Macabeu

Não é possível, nem é necessário, neste ponto, dar todos os detalhes das guerras dos Macabeus, mas é interessante saber um pouco a respeito de quatro de suas vitórias. Uma delas foi contra Apolônio. Este general selêucida foi enviado para esmagar os rebeldes

---

90 HESTER, H. I. **The Heart of New Testament**. Nashville, Tennessee: Broadman Press, 1981, p. 28.
91 HESTER, H. I. **The Heart of New Testament**. Nashville, Tennessee: Broadman Press, 1981, p. 28-29.

liderados por Judas. Os dois exércitos se encontraram nas proximidades de Samaria, e Judas conseguiu uma vitória arrasadora na qual, inclusive, obteve valiosos estoques de armas e mantimentos que pertenciam ao inimigo. Mais tarde, um grande exército sírio, dirigido pelo general Serão, tentou chegar a Jerusalém pelo vale de Beth-horon. Judas emboscou o exército sírio dentro do vale e quase o aniquilou. Com isso, mais uma vez, conseguiu armas e mantimentos em abundância. A terceira tentativa importante de acabar com Judas foi liderada por três generais à frente de aproximadamente 50.000 soldados. Esse exército tentou penetrar na região por meio de um caminho ao sul de Mizpah. Dizem que com apenas 6.000 homens Judas atacou de madrugada e, com a força do elemento surpresa, conseguiu espalhar terror no exército inimigo, que sofreu uma derrota total. A quarta maior tentativa de derrotar Judas e seu exército aconteceu com uma força de, aproximadamente, 60.000 soldados sírios, liderados por Lísias, o principal comandante dos exércitos de Antíoco IV. Judas, com um grupo de, aproximadamente, 10.000 soldados atacou esse exército ao norte de Hebrom e conseguiu uma vitória impressionante. Diante da derrota, os sírios se retiraram e não voltaram mais até depois da morte de Antíoco IV, três anos mais tarde.[92]

11.6 O culto restaurado

Aproveitando a ausência dos sírios, Judas e suas forças entraram em Jerusalém e limparam as entradas

---

[92] HESTER, H. I. **The Heart of New Testament**. Nashville, Tennessee: Broadman Press, 1981, p. 29.

e dependências do Templo. Eles choraram diante do quadro de destruição que encontraram no Templo. Quebraram e desmontaram todos os altares pagãos e edificaram um novo altar dedicado a Deus. Fizeram vários reparos no Templo e colocaram a cidade de Jerusalém em ordem.[93] Como informa Bright, no dia 25 de dezembro de 165 a.C., ou 164 a.C., pois não há certeza absoluta a respeito desta data, o Templo foi novamente dedicado ao culto ao Senhor, ocasião que passou a ser festejada ano a ano com o nome de "Festa da Dedicação", ou *Hanukkah*.[94] Uma informação a respeito dessa festa, e da participação de Jesus nela, aparece no Novo Testamento, em João 10.22-23, que diz: "Celebrava-se em Jerusalém a Festa da Dedicação. Era inverno. Jesus passeava no templo, no Pórtico de Salomão".

Judas prosseguiu fazendo guerra contra vários dos povos vizinhos amigos dos sírios, incluindo os filisteus. Ele cruzou o rio Jordão e dominou a região até Damasco, o que lhe deu poder sobre grande parte do território que seria conhecido mais tarde como Palestina.[95]

11.7 A independência dos judeus

Antíoco IV morreu doente ainda ameaçando seus inimigos. O general Lísias acabou por levar um exército de, aproximadamente, 120.000 soldados

---

[93] HESTER, H. I. **The Heart of New Testament**. Nashville, Tennessee: Broadman Press, 1981, p. 28.

[94] BRIGHT, John. **História de Israel**. 3. ed. São Paulo: Edições Paulinas, 1985, p. 582.

[95] HESTER, H. I. **The Heart of New Testament**. Nashville, Tennessee: Broadman Press, 1981, p. 29.

contra os judeus. Judas, reconhecendo a superioridade do inimigo, decidiu não lutar. Ele retirou-se até Jerusalém e foi cercado pelo exército de Lísias. Porém, notícias de problemas sérios na Síria fizeram com que Lísias voltasse para o seu país. Antes de voltar, ele fez um acordo com Judas, no qual garantia aos judeus seus direitos religiosos. Judas havia conseguido o que Matatias havia desejado, contudo, ainda não gozavam de liberdade política.[96]

Os helenistas não cumpriram sua parte do acordo e novos conflitos surgiram. Judas teve que guerrear contra os sírios outra vez e, por fim, morreu em campo de batalha.[97]

11.8 Depois de Judas

Depois da morte de Judas, seu irmão Jônatas assumiu o poder em seu lugar. Porém, ele acabou sendo morto por um general sírio que desejava assumir o poder. Na sequência, Demétrio II da Síria fez um acordo com Simão, outro dos filhos de Matatias, reconhecendo-o como sumo-sacerdote entre os judeus e cancelando os tributos pagos pelos judeus aos sírios. Este pacto, realizado em 143 a.C., deu início a uma nova história. Finalmente, os judeus conseguiram sua independência política e deram início a um período de grande prosperidade.[98]

---

[96] HESTER, H. I. **The Heart of New Testament**. Nashville, Tennessee: Broadman Press, 1981, p. 30.

[97] HESTER, H. I. **The Heart of New Testament**. Nashville, Tennessee: Broadman Press, 1981, p. 30.

[98] HESTER, H. I. **The Heart of New Testament**. Nashville, Tennessee: Broadman Press, 1981, p. 30.

Simão foi assassinado em 135 a.C., com alguns amigos, por Ptolomeu, seu genro, que desejava assumir o poder. Porém, João Hircano, filho de Simão, foi rápido em suas decisões e assumiu o trono em lugar do pai. Ele subjugou a Idumeia, Samaria e a Pereia, anexando-as a Judá. Embelezou a cidade de Jerusalém e foi o primeiro governante judeu a cunhar sua própria moeda. Como sumo-sacerdote, ele ofendeu os fariseus e, mais tarde, identificou-se completamente com o partido dos saduceus.[99]

11.9 Fariseus e saduceus

Fariseus e saduceus já foram mencionados no ponto anterior. Estes fortes partidos políticos religiosos surgiram neste período. A rivalidade entre os dois grupos era muito grande e frequentemente amarga. Os patriotas que se identificavam com Judas Macabeu desejavam a liberdade e estavam dispostos a morrer para conseguir atingir este objetivo. Estes eram os primeiros "Hasidim". Depois das guerras, eles se tornaram o grupo mais zeloso. Os Hassidim, aos poucos, se tornaram os fariseus, que quer dizer separatistas. Eles se tornaram cada vez mais radicais em sua tradição. Guardavam com entusiasmo a Lei de Moisés e a tradição de seus antepassados. Eles representavam o povo comum e, especialmente no período do Novo Testamento, formavam um partido majoritário de muita influência entre os demais.[100]

---

99 HESTER, H. I. **The Heart of New Testament**. Nashville, Tennessee: Broadman Press, 1981, p. 30-31.
100 HESTER, H. I. **The Heart of New Testament**. Nashville, Tennessee: Broadman Press, 1981, p. 31.

Havia entre os judeus alguns que ainda viam boas qualidades no helenismo e que achavam que poderiam abraçar o helenismo e, ao mesmo tempo, manter-se fiéis à própria religião. Eram os saduceus. Estes, na maioria, faziam parte da aristocracia judaica. Embora não fossem tão numerosos como os fariseus, também tinham muita influência. Eles eram da classe sacerdotal e considerados pelos fariseus, como sendo liberais e, até mesmo, antirreligiosos.[101]

O antagonismo entre os dois grupos se tornou tão severo que levou a nação a perder a liberdade política. João Hircano morreu em 105 a.C. e foi seguido no poder por Aristóbulo I, que governou apenas um ano. Ele foi seguido por Alexandre Janeu, que viveu até 78 a.C. Os dois foram saduceus. Alexandre Janeu, como saduceu, foi muito duro em seu tratamento com os fariseus, o que lhe trouxe muitas dificuldades. Depois de sua morte, sua esposa Alexandra assumiu o poder. Ela, em uma nova estratégia política, passou para o lado dos fariseus. Durante seu governo, os fariseus não pouparam esforços para prejudicar os rivais saduceus.[102]

Quando Alexandra morreu, em 69 a.C., a guerra civil aconteceu entre os judeus divididos pela liderança de seus dois filhos, Hircano II e Aristóbulo II. A luta entre eles foi terrível e durou cerca de seis anos sem nenhum dos lados conseguir o controle da situação. Aproveitando-se dessa desunião, em 63 a.C., Pompeu, um general romano, tomou conta da situação. Neste

---

[101] HESTER, H. I. **The Heart of New Testament**. Nashville, Tennessee: Broadman Press, 1981, p. 31.
[102] HESTER, H. I. **The Heart of New Testament**. Nashville, Tennessee: Broadman Press, 1981, p. 31.

ponto da história, encerra-se o curto período de independência dos judeus no Período Intertestamentário.[103]

11.10 Resumo

O Período dos Macabeus, como foi visto, foi um período que teve muitas dificuldades em seu início, passou para um momento de grande glória, paz e desenvolvimento, mas que, infelizmente, se encerrou com desgraças e perda da liberdade, mais uma vez, agora pela desunião do próprio povo. Pode-se dizer que, neste período, os piores inimigos dos judeus foram os próprios judeus. Quando eles se viram oprimidos, em perigo de morte e de perder a liberdade política e religiosa, mesmo sendo fracos, em relação aos inimigos, conseguiram vitórias extraordinárias. Mas, na sequência, depois do razoável período de paz e independência, as lutas internas os derrotaram. Fragilizados pela desunião, foram dominados pelos romanos com muita facilidade.

A história é testemunha: um povo unido, ainda que seja fraco, torna-se forte, tem boas chances de vencer, mas um povo dividido, mesmo que tenha sido forte, não pode subsistir diante das investidas de um inimigo externo. Que possamos aprender e praticar essa lição.[104]

---

103 HESTER, H. I. **The Heart of New Testament**. Nashville, Tennessee: Broadman Press, 1981, p. 95.
104 Esta é a lição prática de destaque desta comovente história do Período dos Macabeus.

Sugestão de bibliografia para pesquisa

Veja mais sobre estes assuntos em:

GUNNEWEG, Antonius H. J. **História de Israel**: dos primórdios até Bar Kochba e de Theodor Herzl até nossos dias. São Paulo: Editora Teológica: Edições Loyola, 2005, p. 255-279.

12. SINAGOGA
— PARTE 1 —
A CONTRIBUIÇÃO PARA O CRISTIANISMO

12. Sinagoga — Parte 1 — A contribuição para o cristianismo

12.1 Objetivo

O estudante conhece as características básicas da sinagoga e entende como ela contribuiu para o desenvolvimento do cristianismo.

12.2 Introdução

A maior parte desta e da próxima lição foi tirada do artigo "A contribuição da sinagoga para o desenvolvimento do cristianismo"[105], mas, para que o estudante tenha um aproveitamento melhor, deve consultar também a bibliografia sugerida ao final das lições e aquela que foi utilizada como base para a composição deste texto, conforme indicada nas notas de rodapé. Vamos ao assunto!

A importância da sinagoga para o judaísmo é incontestável. A influência exercida por ela na vida dos judeus no decorrer dos séculos, providenciando lugares próprios para a leitura, explicação das Escrituras e centros de oração, foi decisiva.[106] Essa importância, porém, não ficou limitada ao meio judeu. Sua influência

---

[105] GUSSO, Antônio Renato. A contribuição da sinagoga para o desenvolvimento do cristianismo. **Via Teológica**, v. 5, p. 75-92, 2002.

[106] PAUL, A. **O judaísmo tardio**: história política. São Paulo: Edições Paulinas, 1983, p. 169.

extrapolou a religião própria e atingiu fortemente o cristianismo e até mesmo o islamismo.

O termo sinagoga representava tanto o povo reunido quanto o local onde se realizavam as reuniões. Da mesma maneira, a igreja, *ecclesia*, ou assembleia, veio a ter suas reuniões em um prédio exclusivamente religioso que tomou o mesmo nome.[107] Contudo, aqui não serão abordados detalhes dessa natureza, estes podem ser vistos na bibliografia indicada. Serão vistos, apenas, aqueles que demonstram evidências efetivas de terem contribuído para o bom desenvolvimento do cristianismo, pois é objetivo desta e da próxima lição mostrar que a sinagoga serviu de modelo e base para o desenvolvimento do cristianismo, adiantando em muitos anos o seu alastramento pelo mundo.

Dentro dessa linha de raciocínio será mostrado, nesta primeira lição sobre este assunto, que ela, a sinagoga, contribuiu para o desenvolvimento do cristianismo ao propagar o Antigo Testamento em vários lugares, o que preparou, sem saber, o campo para a mensagem cristã ao abrir oportunidades para pregadores visitantes, o que proporcionou auditório seleto para os primeiros missionários cristãos, e, ainda, ao utilizar casas como locais de culto, exemplo que a Igreja Primitiva seguiu, resolvendo seu problema de espaço para reuniões sem precisar lançar mão de recursos financeiros para isso.

---

[107] ROPS, H. D. A. **A vida diária nos tempos de Jesus**. 2. ed. São Paulo: Edições Vida Nova, 1988, p. 240.

12.3 A sinagoga e a propagação do Antigo Testamento por vários lugares

O trabalho que as sinagogas fizeram ao transmitir as Escrituras do judaísmo para todos os lugares onde havia ao menos um pequeno número de judeus foi de grande valor para a disseminação da mensagem cristã. Ao estudar o Antigo Testamento, o leitor das Escrituras dos judeus, que viriam também a ser adotadas pela Igreja Primitiva, estava se preparando para receber a mensagem cristã a respeito do Messias que haveria de vir.

Ao ser analisado, então, o Novo Testamento, percebe-se com muita clareza que esta esperança messiânica cumpriu-se em Jesus Cristo. Ele mesmo, em certa ocasião, registrada em João 5.39, disse aos judeus que eles examinavam as Escrituras por pensarem encontrar nelas a vida eterna e eram elas mesmas que testificavam dele. E, ainda em João, um pouco mais adiante, nos versículos 45 e 46 do mesmo capítulo 5, Ele continua falando com os judeus, e os alerta que não deveriam pensar que Ele os acusaria perante o Pai, pois essa tarefa seria de Moisés, em quem eles diziam confiar. Porém, se de fato cressem em Moisés, também teriam de crer em Jesus, porque os escritos de Moisés (a primeira divisão do Antigo Testamento) também se referiam a Ele.

A mensagem da Igreja Primitiva estava baseada no testemunho daqueles que conviveram com Jesus e viram as maravilhas praticadas por Ele e também naquilo que as Escrituras do judaísmo falavam dele.

Como a mensagem do Antigo Testamento, entre outros assuntos, trata da vinda do Messias, nada melhor para os primeiros pregadores e missionários cristãos do que encontrarem pessoas conhecedoras dessa verdade, pois a mensagem pregada por eles era a que afirmava já ter o Messias vindo, e que Jesus era esse Messias.

Pedro, em sua primeira pregação, fez uso desse método. Ao falar a pessoas conhecedoras do Antigo Testamento, ele mostrou que o Messias já tinha vindo e que Ele era Jesus. Em Atos 2.36, Pedro disse: "Esteja absolutamente certa, pois, toda a casa de Israel de que este Jesus que vós crucificastes, Deus o fez Senhor e Cristo" (Cristo é a palavra grega que traduz o hebraico Messias). Em seguida, é possível notar a recepção positiva do povo ao entender a mensagem: "Ouvindo eles estas cousas, compungiu-se-lhes o coração e perguntaram a Pedro e aos demais apóstolos: O que faremos, irmãos?" (2.37).

Este acontecimento com Pedro ocorreu em Jerusalém, mas o uso desse método não se limitou a essa cidade, ele foi usado por todos os lugares do Império Romano para onde os cristãos se deslocavam ao fugirem das perseguições ou mesmo com a intenção deliberada de levar a mensagem de Cristo. Por onde eles passavam, encontravam com relativa facilidade pessoas conhecedoras desta mensagem de esperança no Messias que haveria de vir, fosse por meio das Escrituras ou da tradição vinda da sinagoga. Os judeus, pela instrumentalidade das sinagogas espalhadas pela Palestina e por toda a diáspora, já haviam feito essa parte básica do trabalho cristão. Além de terem conservado o conhecimento dessa verdade para seus descendentes judeus, pregavam essa mensagem aos muitos gentios[108] que a eles se achegavam em suas congregações.

Desta forma, quando o cristianismo surgiu, há muito tempo as Escrituras nas quais ele iria basear boa parte de sua fé já estavam sendo transmitidas em muitos lugares. Em Atos 15.21, está registrado que, desde os tempos antigos, a mensagem dada por Moisés vinha sendo pregada e lida em cada sinagoga e em cada cidade, todos os sábados. Na Palestina, "sinagogas surgiram gradualmente com adoração no sábado, cuja parte principal era a leitura e a exposição da lei. Nos últimos séculos pré-cristãos, havia sinagogas em todas as cidades"[109] de relativa importância.

Sendo assim, o campo estava preparado para receber a mensagem de Cristo. Graças ao trabalho das sinagogas, em muitos lugares do mundo conhecido no primeiro século, havia pessoas judias e gentias que conheciam a promessa de Deus e aguardavam com ansiedade a vinda do Messias. Para Green, isso resultou em ajuda para o desenvolvimento do cristianismo, tanto em solo judaico como em outros locais preparados pelos judeus. Ele argumenta ainda que a diáspora, o monoteísmo, as normas éticas dos judeus, as sinagogas com ênfase nas suas Escrituras e ainda o movimento de proselitismo por parte dos judeus foram fatos positivos para a fé praticada no cristianismo.[110]

---

108 Todo aquele que não é judeu é considerado gentio.
109 BRIGHT, J. **História de Israel**. São Paulo: Edições Paulinas, 1978, p. 596.
110 GREEN, M. **La evangelización em la iglesia primitiva**. Buenos Aires: Ediciones Certeza, 1976, p. 46.

Observando esses fatos, pode-se avaliar positivamente a contribuição dada pela sinagoga, nessa área, ao cristianismo. É obvio que a divulgação do Antigo Testamento feita por ela adiantou em alguns séculos a transmissão da mensagem cristã, a qual teria encontrado muita dificuldade para ser entendida por pessoas que desconheciam por completo a promessa do Messias.

12.4 A sinagoga e as oportunidades para pregadores visitantes

Era costume nas sinagogas oferecer oportunidade a algum visitante ilustre para pregar. Esse expediente foi uma excelente contribuição da sinagoga para o desenvolvimento do cristianismo, pois, como havia sinagogas espalhadas por toda a diáspora, estavam abertas as portas para a pregação do evangelho na maior parte do Império Romano. O próprio Jesus aproveitou essa abertura e nota-se pelos evangelhos que grande parte de Sua pregação e Seu ensino foi levada a efeito nas sinagogas. Em Lucas 1.21, por exemplo, Ele é encontrado pregando na sinagoga em Cafarnaum. Em Lucas 4.16, percebe-se que era Seu costume estar na sinagoga, e também é notório que nela se encontravam condições propícias para o ensino de Sua mensagem. Em Mateus 4.23, está escrito que Ele percorreu toda a região da Galileia ensinando nas suas sinagogas.[111] Em Marcos 6.1-3, Ele ensinou na sinagoga da própria cidade onde foi criado e era bem conhecido. Veja o que diz o texto:

---
111 Leia o texto bíblico.

> Tendo Jesus partido dali, foi para a sua terra, e os seus discípulos o acompanharam. Chegando o sábado, passou a ensinar na sinagoga; e muitos, ouvindo-o, se maravilharam dizendo: Donde vem a este estas cousas? Que sabedoria é esta que lhe foi dada? E como se fazem tais maravilhas por suas mãos? Não é este o carpinteiro filho de Maria, irmão de Tiago, José, Judas e Simão? E não vive aqui entre nós suas irmãs? E escandalizavam-se nele.

O bom uso feito por Jesus das oportunidades dadas pelas sinagogas para pregadores visitantes é confirmado por várias passagens bíblicas, mas é suficiente lembrar apenas a afirmação dele mesmo, em João 18.20, em que declara que nada disse em oculto, mas falou francamente ao mundo nos locais de reuniões dos judeus, ou seja, nas sinagogas e no Templo.

Outro que aproveitou ao máximo essas oportunidades abertas para pregadores visitantes nas sinagogas foi o apóstolo Paulo. Em Atos 9.20, logo após a sua conversão, ele já é encontrado nas sinagogas pregando sobre Jesus e afirmando que esse é o Filho de Deus. Assim, iniciou seu mistério continuando por muitos anos. Ele viajava por vários lugares e, ao que parece, normalmente, começava seu trabalho de evangelismo com a comunidade judaica, fazendo uso desta abertura dada pela sinagoga.

A tática de Paulo era simples: conhecendo os costumes judaicos, ao chegar a uma nova cidade ou localidade, dirigia-se para a sinagoga e aguardava a sua oportunidade que normalmente vinha como está narrado em Atos 13.14-16.[112] Paulo e seus companheiros,

---
[112] Veja o texto.

ao serem convidados para falar nas sinagogas, é claro, sempre tinham uma "palavra" aos presentes, por isso estavam ali. Não poderiam encontrar em nenhum outro lugar auditório tão bem-preparado para receber a mensagem de Cristo. Era formado tanto por judeus como gentios, prosélitos e tementes a Deus, conhecedores das Escrituras e prontos para ouvirem as boas-novas. Paulo pregava, e os resultados apareciam. Na ocasião em que pregou em Antioquia da Pisídia, ele e seus companheiros foram convidados para que voltassem no próximo sábado, para novamente lhes falarem da Palavra de Deus. Despedida a sinagoga, muitos seguiram Paulo e Barnabé, certamente com o intuito de receberem melhores informações a respeito de sua mensagem.

Como é fácil perceber, Paulo, levando sua mensagem à sinagoga, logo estava atingindo a quase toda a cidade. E, através dos que criam, logo ela se espalhava por toda a região (At 13.48-49). O problema de local adequado para expor as ideias, bem como de se encontrar um auditório preparado para ouvi-las, praticamente não existia para Paulo. Bastava dirigir-se à sinagoga e esperar o convite para falar.

Embora a Bíblia não relate, é muito provável que essa estratégia de aproveitar as oportunidades oferecidas para pregadores visitantes nas sinagogas não tenha se limitado a ser usada por Jesus, Paulo e seus companheiros, mas também tenha sido usada por outros apóstolos e discípulos vindos do judaísmo e conhecedores de tal costume. Alguns deles, além de saberem disto, haviam presenciado o ministério do Mestre dentro das sinagogas.

Não é possível fazer uma avaliação completa de todas as vantagens e consequências desta prática para o desenvolvimento do cristianismo, mas não é difícil concluir que essa abertura dada pela sinagoga aos cristãos fez com que ela se tornasse um dos fatores mais importantes na história de missões do cristianismo primitivo.

12.5 A sinagoga e o uso de casas como locais de culto

Dar exemplos de usos de casas como locais de culto foi outra importante contribuição da sinagoga para o cristianismo. Ela mostrava que havia possibilidade de as igrejas se espalharem por vários lugares sem grandes dificuldades e sem preocupações com prédios especiais e caros, fora do alcance dos primeiros cristãos.

A princípio, alguns cultos dos primeiros cristãos foram realizados sem dificuldades mesmo dentro das sinagogas.[113] Porém, conforme a mensagem do Evangelho ia sendo pregada e muitas pessoas iam aceitando o cristianismo, tornava-se óbvia a sua grande diferença em relação ao judaísmo e à impossibilidade de conviverem em um mesmo local de adoração. Com isso, surgiu um dos primeiros problemas para a Igreja nascente: Onde se reunir para os cultos? E a solução parece ter vindo da própria sinagoga, pois ela também teve de procurar seu espaço em templos antigos. E isto, certamente, não era desconhecido dos cristãos.

---

113 TENNEY, M. **O Novo Testamento**: sua origem e análise. 2. ed. São Paulo: Edições Vida Nova, 1989, p. 124.

Muitos judeus pretendem colocar o surgimento da sinagoga na época do grande líder Moisés. Porém esta hipótese é insustentável, e a maioria dos eruditos realmente conclui que o início dela aconteceu no tempo do exílio de Judá na Babilônia. Os judeus teriam sido desterrados e acomodados em bairros próprios naquela cidade. Com a separação do Templo de Jerusalém, seu local exclusivo de adoração, surgiu então a necessidade de um novo tipo de culto a Deus, o qual deve ter começado nas casas e, com o tempo, passado para locais mais apropriados.

O uso de casas não se limitou ao exílio babilônico nem apenas ao início das atividades da sinagoga. Esse mesmo expediente foi usado por toda a diáspora e por muito tempo. No primeiro século, esse costume ainda supria as necessidades de pequenas comunidades. Segundo Rops, no início da era cristã, "cada vila tinha sua sinagoga e cada cidade possuía várias. Qualquer judeu podia edificar uma ou, caso preferisse, transformar sua casa em sinagoga".[114]

Assim, é possível notar que o costume de usar casas particulares como locais de culto era conhecido pelos cristãos vindos do judaísmo. O exemplo dado pela sinagoga foi seguido, e logo o livro de Atos testemunha que os irmãos se reuniam nas casas para partir o pão (2.46), ato este que pode ser uma alusão à Ceia do Senhor, elemento do culto cristão.[115]

---

114 ROPS, H. D. A. **A vida diária nos tempos de Jesus**. 2. ed. São Paulo: Edições Vida Nova, 1988, p. 240.
115 MARSHALL, I. **Atos**: introdução e comentário. São Paulo: Edições Vida Nova, 1982, p. 85.

Também se nota que na ocasião em que Pedro foi libertado milagrosamente da prisão, ele se dirigiu à casa de irmãos, e lá estavam muitas pessoas congregadas, orando (At 14.14). Já em outra oportunidade, Paulo aparece pregando um longo sermão em Troas, a uma igreja que se reunia no terceiro andar de um prédio.

Este costume das igrejas se reunirem em casas também é destacado na introdução da pequena carta de Paulo a Filemom, quando ele saúda a igreja que está na casa de seu amigo. Ainda em outra narrativa bíblica, Paulo foi impedido de continuar o trabalho de pregação em uma sinagoga e se dirigiu a uma casa ao lado dela, como pode ser visto em Atos 18.6-7.[116]

Outros episódios bíblicos mostrando o costume da Igreja Primitiva de se reunir em casas poderiam ser citados, mas isso não é necessário, pois é por demais conhecido. Importante, sim, é chamar a atenção para o fato de ter sido a sinagoga a precursora de tal costume. Ela deve ter sido a inspiradora dos cristãos nesta importante questão.

Quanto tempo teria perdido o cristianismo em seu avanço se os cristãos primitivos tivessem procurado construir locais apropriados para o culto desde o seu início? A reposta completa nunca será conhecida. Porém é certo que o exemplo dado pela sinagoga, amplamente acatado pelos cristãos que se reuniram em simples casas, foi ótimo para a Igreja, que nasceu dentro dela e não tinha mais espaço para se expandir. Esta foi uma grande contribuição da sinagoga para o desenvolvimento do cristianismo.

---

[116] Não deixe de conferir o texto em sua Bíblia.

12.6 Resumo

O importante na conclusão desta lição é destacar que o cristianismo não surgiu em meio a um vácuo religioso. Ele surgiu em um ambiente judaico e contou com a ajuda da sinagoga, involuntária, é claro, mas providencial, para a sua rápida expansão.

Sugestão de bibliografia para pesquisa

Veja mais sobre estes assuntos em:

ROPS, H. D. **A vida diária nos tempos de Jesus**. 2. ed. São Paulo: Edições Vida Nova, 1988, p. 239-243.

.

13. SINAGOGA
— PARTE 2 —
A CONTRIBUIÇÃO PARA O CRISTIANISMO

13. Sinagoga — Parte 2 — A contribuição para o cristianismo

13.1 Objetivo

O estudante conhece mais algumas características básicas da sinagoga e seu funcionamento, e entende como foi que ela contribuiu para o desenvolvimento do cristianismo.

13.2 Introdução

Nesta lição, continuaremos com o estudo da sinagoga e sua contribuição para o desenvolvimento do cristianismo. Na lição anterior, foi visto que a sinagoga contribuiu para o desenvolvimento do cristianismo divulgando os ensinos do Antigo Testamento, os quais viriam a servir como base, ou ponto de partida, para a pregação cristã, que anunciava a vinda do Messias. Também contribuiu providenciando um auditório para os pregadores cristãos, ao permitir que visitantes fizessem uso da palavra em suas reuniões, e, ainda, dando o exemplo de utilização de casas como locais de culto. Aqui veremos mais duas contribuições. A contribuição ao dar um modelo administrativo para suas comunidades locais e também ao providenciar um modelo de culto. Vejamos cada uma destas contribuições.

13.3 A sinagoga e o modelo de administração

Qualquer tipo de sociedade necessita de uma administração sadia para o bom desempenho de suas atividades, e com as igrejas isto não é diferente. Também elas precisam de boa administração para que atinjam os objetivos almejados pelos seus membros. Quando os primeiros cristãos, vindos do judaísmo, perceberam essa necessidade, fizeram da sinagoga o modelo básico para suas igrejas locais, adotando a forma de organização usada por ela.[117] Este modelo administrativo desenvolvido pela sinagoga, por muitos anos, logo foi absorvido em parte pela Igreja. E isto foi um fator positivo para o desenvolvimento do cristianismo, que não precisou gastar tempo em demasia na busca da melhor forma para administrar suas organizações.

Na *Pequena história do povo judeu*, editada pela Fundação Fritz Pinkuss, encontra-se a afirmação de que a sinagoga veio a ser um protótipo da Igreja, e com isso se tornou uma das contribuições mais importantes de Israel não só ao cristianismo, mas à civilização.[118] Tenney, na mesma linha de pensamento, afirma "que a mais importante contribuição da sinagoga ao primeiro século foi a forma e organização da igreja apostólica."[119]

---

117 GUNDRY, Robert H. **Panorama do Novo Testamento**. São Paulo: Vida Nova, 1981, p. 46.
118 FUNDAÇÃO FRITZ PINKUSS. **Pequena história do povo judeu**: São Paulo: Congregação Israelita Paulista, 1962, p. 79.
119 TENNEY, M. **O Novo Testamento**: sua origem e análise. 2. ed. São Paulo: Edições Vida Nova, 1989, p. 556.

Parece que, na medida em que surgiam os problemas na área da administração, as igrejas iam buscando as soluções no modelo da sinagoga, e logo as incorporavam na sua rotina administrativa. Se funcionava bem nas sinagogas, também poderia funcionar bem nas igrejas. O teste já havia sido feito, bastava agora colocar em prática.

Provavelmente uma das primeiras questões a serem resolvidas logo no princípio das atividades nas igrejas tenha sido a forma de recebimento de novos membros. No livro de Atos, está o principal testemunho da rapidez do crescimento da Igreja e da forma desorganizada de aceitação de novos membros.

Pedro, conforme Atos, pregou após a descida do Espírito Santo no dia de Pentecostes e logo uma multidão de pessoas aceitou a mensagem e foi submetida ao batismo. Apenas naquele dia a comunidade cristã passou a contar com um acréscimo de quase três mil pessoas (At 2.4).[120] Pouco mais adiante, surge o relato mostrando que muitos continuavam ouvindo os apóstolos e aceitavam as suas palavras, e o número de homens, agora fazendo parte do grupo, subiu para quase cinco mil (At 4.4). Seguindo um pouco mais adiante na leitura de Atos, os números são deixados de lado e o grupo é designado como a multidão dos que criam (At 4.32).

Nota-se que não havia nenhuma restrição ao ingresso na Igreja. A partir do momento em que a pessoa se manifestava como crendo na mensagem cristã, era imediatamente batizada e passava a fazer parte do grupo. Como era de se esperar, os problemas logo surgiram.

---

120 Confira os textos.

Isto pode ser constatado no caso de Ananias e Safira (At 5.1-11) e também de Simão, o mágico (At 8.9-25).[121] Eram pessoas que não tinham abandonado suas práticas errôneas. Haviam se achegado à Igreja por motivos diversos, mas não por terem sido transformadas, e estavam convivendo com os fiéis.

A solução para este tipo de problema veio do modelo administrativo utilizado nas sinagogas quando da aceitação de gentios como membros de suas comunidades. Segundo Dana:

> O gentio, para fazer parte da sinagoga, tinha de abandonar suas práticas pagãs e passar por um período de instrução nas escrituras e costumes judaicos, para então ser circuncidado e finalmente batizado. Existem evidências de que no cristianismo era usada a mesma forma. Tendo o candidato de provar ter uma vida transformada, estudar as escrituras da igreja e ser batizado. Excluindo-se apenas a circuncisão que não veio a fazer parte do método cristão.[122]

As evidências de ter este método sido usado pelas igrejas do primeiro século não estão na Bíblia, mas sim na literatura que era usada e produzida pelas comunidades cristãs. Ao que parece, foi sábia a decisão da Igreja em lançar mão desta atividade administrativa da sinagoga. Embora o método não seja perfeito, demonstrou ser muito bom e certamente é por essa razão que continua a ser usado ainda hoje por muitas das igrejas evangélicas por todo o mundo.

---

121 Veja os textos em sua Bíblia.
122 DANA, H. E. **Jewish Christianity**. Kansas City: Central Seminary Press, 1955, p. 101-102.

Outra contribuição vinda da administração das sinagogas para a Igreja Primitiva foi a instituição dos diáconos. Eles exerciam um bom trabalho nas sinagogas, onde eram conhecidos como recebedores, e tinham como tarefa principal a coleta e a distribuição de esmolas aos pobres.[123] Certamente, as igrejas se inspiraram nestas pessoas quando precisaram de alguém para exercer esta importante função.

Para Tenney não existe dúvida de que o coletor (ou recebedor) da sinagoga, responsável pelo ministério com os pobres, foi o modelo para o diácono.[124] Na realidade, essa figura já aparece mesmo antes da Igreja, fazendo parte do grupo apostólico. Judas tinha esta função. Ele era mais do que um tesoureiro, ele cuidava do dinheiro e também ministrava aos pobres, como é possível ver no Evangelho segundo João:

> Então disse Jesus: O que pretendes fazer, faze-o depressa. Nenhum, porém, dos que estavam à mesa, perceberam a que fim lhe dissera isto. Pois, como Judas era quem trazia a bolsa, pensaram alguns que Jesus lhe dissera: Compra o que é preciso para a festa, ou lhe ordenara que desse alguma coisa aos pobres (13.27-29).

Na Igreja Primitiva, quando, devido à grande multiplicação dos discípulos, houve murmuração por parte dos helenistas contra os hebreus por estarem as suas viúvas sendo esquecidas na distribuição diária (At 6.1), não foi difícil para os apóstolos encontrarem a solução.

---

[123] DANA, H. E. **Jewish Christianity**. Kansas City: Central Seminary Press, 1955, p. 89.
[124] TENNEY, M. **O Novo Testamento**: sua origem e análise. 2. ed. São Paulo: Edições Vida Nova, 1989, p. 566.

Baseados na forma de administrar das sinagogas, logo eles tiveram a grande ideia de que deveriam ser escolhidos homens para essa importante tarefa. Segundo Marshall, também a escolha de sete elementos estava em conformidade com a prática dos judeus de nomearem juntas de sete homens para resolverem questões ou executarem trabalhos específicos.[125]

As sinagogas possuíam também líderes locais, como pode ser observado em Atos 18.8, o qual informa a respeito da conversão do principal de uma sinagoga. Essa função administrativa também se refletiu nas igrejas locais. Rops afirma que:

> As reuniões e atividades subsidiárias da sinagoga ficavam sob a direção de um pequeno comitê, sendo este inteiramente democrático: um conselho de dez anciãos, tradicionalmente chamados "os fundadores", elegiam um homem como administrador da sinagoga e às vezes três deles. De qualquer forma, havia um presidente, um verdadeiro líder, como Jairo em Carfanaum. A igreja primitiva adotou este sistema.[126]

Observa-se, ainda, que nas sinagogas havia também grupos de oficiais, os quais tinham por função supervisionar a vida comunitária. Eles controlavam as relações comunitárias tanto na Palestina como em outras regiões da diáspora que eram dominadas pela população judaica. O controle exercido por eles era tanto sobre os negócios religiosos como civis.[127] Não há

---
125 MARSHALL, I. **Atos**: introdução e comentário. São Paulo: Edições Vida Nova, 1982, p. 123.

126 ROPS, H. D. A. **A vida diária nos tempos de Jesus**. 2. ed. São Paulo: Edições Vida Nova, 1988, p. 241.

127 DANA, H. E. **O mundo do Novo Testamento**. Rio de Janeiro: JUERP, 1980, p. 89.

como ter certeza quanto à utilização desse sistema nas igrejas, porém nota-se que Paulo chama a atenção de irmãos da igreja de Corinto, os quais estavam levando outros a juízo perante tribunais, quando deveriam submeter a questão perante os santos (1Co 6.1-7).[128] Então, se a orientação de Paulo foi acatada nessa igreja, deve-se ter passado a usar mais um costume vindo da administração da sinagoga que seguia a máxima rabínica "se um israelita tem uma causa contra outro, o processo não deve ser feito diante dos gentios".[129]

A contribuição dada pela sinagoga, por meio de seu modelo bem testado de administração, pode ter sido a responsável pela base sólida que o cristianismo teve para o seu desenvolvimento em igrejas locais.

13.4 A sinagoga e seu modelo de culto

Outra contribuição da sinagoga para o bom desenvolvimento do cristianismo foi dar a ele um modelo de culto. As igrejas não precisaram gastar muito tempo e esforços na elaboração de uma forma de culto, pois o praticado pelas sinagogas era conhecido pelos cristãos que delas fizeram parte. Esse culto se desenvolveu por séculos e, ao chegar à era cristã, serviu também para a nova religião que o adotou com algumas adaptações.

A ordem básica para o culto em uma sinagoga era a seguinte:

---

128 Confira o texto em sua Bíblia.
129 MORRIS, L. I. **I Coríntios**: introdução e comentário. São Paulo: Edições Vida Nova, 1983, p. 74.

1. Inicialmente, era recitado o *shema*. Ou seja, a declaração de fé de Israel composta dos seguintes textos: Dt 6.4-9, Dt 11.15-21 e Nm 15.37,41;
2. Após o *shema*, era utilizada uma oração de arrependimento denominada *Shemoneh esreh*, a qual era composta de 18 preces ou bênçãos;
3. Na sequência, era feita uma leitura do Antigo Testamento;
4. Depois da leitura, o chefe da sinagoga fazia uma exortação ou convidava algum dos presentes a fazer isso;
5. O culto era encerrado com uma oração ou com a bênção ordenada por Deus em Números 6.24-26. Esta bênção só podia ser ministrada por um sacerdote.[130]

Dana dá mais alguns detalhes da forma e sequência do culto nas sinagogas. Ele acrescenta que após a leitura da Lei, geralmente havia outra leitura, a de um trecho do Profetas. Também informa que havia a possibilidade de alguém se apresentar para fazer um comentário após a leitura, mesmo sem ter sido convidado para isso.[131]

Outros autores apresentam formas de culto nas sinagogas com algumas variedades, mas, na realidade, todos eles seguem as mesmas linhas gerais apresentadas acima.

Esse modelo dado pela sinagoga foi seguido pelos cultos cristãos em maior ou menor intensidade,

---

[130] ENCICLOPÉDIA DE LA BIBLIA. *In*: TOGNINI. E. **O período interbíblico**. São Paulo: Louvores de Coração, 1987, p. 149.
[131] DANA, H. E. **O mundo do Novo Testamento**. Rio de Janeiro: JUERP, 1980, p. 88.

dependendo da igreja, e alguns detalhes sobrevivem até os dias atuais. O destaque principal em todos os cultos era dado pela leitura das Escrituras e ao sermão. Isto acontece ainda hoje, tanto nas sinagogas como em muitas igrejas. É interessante notar também o uso de orações nos cultos das sinagogas. Era costume toda congregação responder, ou acrescentar, o seu amém no final delas. É possível confirmar, na primeira carta aos Coríntios, que também a Igreja Primitiva costumava agir desta maneira. Paulo escreveu: "E se tu bendizeres apenas em espírito, como dirá o indouto o amém depois da tua ação de graças?" (1Co 14.16). Esse costume se estendeu até a atualidade e pode ser observado em muitas igrejas.

Havia, ainda, durante o culto na sinagoga, um momento de oração silenciosa individual em que todos os membros da congregação participavam.[132]

Outro elemento importante nos cultos da sinagoga era o livro de Salmos. O povo cantava seguido por ele e isso o tornou o livro dos cânticos religiosos das várias comunidades judaicas, e da mesma forma, mais tarde, veio a ser das igrejas cristãs.[133] Atualmente, os salmos não são cantados nas igrejas, mas sua influência foi perpetuada pelos cânticos sacros atuais e pela leitura deste livro, que é feita na maioria dos cultos cristãos.

A bênção final só podia ser pronunciada por um sacerdote. Não havendo um na reunião, ela podia ser substituída por uma oração individual ou coletiva.

---

132 TENNEY, M. **O Novo Testamento**: sua origem e análise. 2. ed. São Paulo: Edições Vida Nova, 1989, p. 123.
133 ROPS, H. D. A. **A vida diária nos tempos de Jesus**. 2. ed. São Paulo: Edições Vida Nova, 1988, p. 242.

Esse costume da bênção final passou para a Igreja e, em muitas, continua sendo utilizada, desde que esteja presente ao culto alguém devidamente "ordenado" para o ministério religioso, a fim de que possa proferi-la. Parece ser um resquício do poder sacerdotal que sobrevive aos séculos, vindo dos tempos do templo judaico até às igrejas contemporâneas.

Não é preciso ser um ótimo observador para perceber a similaridade entre o culto praticado nas sinagogas e nas igrejas. Os pontos em comum são muitos e saltam aos olhos com facilidade. Qualquer pessoa que os compare se verá forçada a concordar que um influenciou o outro. E isso não poderia ser diferente, devido à íntima ligação do judaísmo com o cristianismo primitivo.

Tenney observou que:

> A influência da natureza do culto da sinagoga sobre o método usado pelas igrejas do primeiro século é claramente óbvia. O próprio Jesus assistia regularmente ao culto da sinagoga e tomava parte nele. Os seus discípulos também tinham sido acostumados a esse ritual. Paulo, nas suas viagens, em qualquer cidade que entrasse, fazia das sinagogas da Dispersão o seu primeiro ponto de contato, e pregava e disputava com os judeus e prosélitos que se reuniam para ouvir. As muitas íntimas semelhanças entre os usos da sinagoga e os da Igreja podem indubitavelmente explicar-se pelo fato de que a última absorveu ou seguiu em certo grau o procedimento da primeira. Realmente, alguns cultos cristãos primitivos puderam ser realizados dentro da sinagoga; a epístola de Tiago implica que as

comunidades cristãs às quais era dirigida, estavam ainda a ter os cultos dentro delas (Tg 2.1 e 2).[134] Devido à sumária e persistente rejeição do evangelho de Cristo pelo povo judaico é que a igreja e a sinagoga se separaram.[135]

Os primeiros cristãos deixaram as sinagogas, mas levaram com eles um modelo de culto desenvolvido e aprovado pelo passar dos séculos. Isso foi mais uma contribuição positiva da sinagoga para o desenvolvimento do cristianismo.

13.5 Resumo

Nesta e na aula anterior, foi possível constatar algumas evidências de que a sinagoga realmente contribuiu para o desenvolvimento do cristianismo. Ela serviu como modelo para a Igreja Primitiva e também como precursora do embrião de sua mensagem (o Antigo Testamento), além de base para a sua expansão pelo Império Romano. Certamente, a história do cristianismo hoje seria outra se, muito antes do nascimento da Igreja, a sinagoga já não estivesse preparando o mundo conhecido da época, por meio da divulgação de suas Escrituras, as quais falavam de um Messias que haveria de vir, promessa cumprida em Jesus Cristo.

Também é de se imaginar que muito tempo teria sido perdido em relação ao desenvolvimento do cristianismo se a sinagoga não tivesse dado oportunidades

---

[134] Veja o texto bíblico.
[135] TENNEY, M. **O Novo Testamento**: sua origem e análise. 2. ed. São Paulo: Edições Vida Nova, 1989, p. 124.

para pregadores visitantes, as quais foram tão bem aproveitadas pelos primeiros cristãos. Da mesma forma, haveria um atraso considerável na disseminação do evangelho, caso a Igreja não tivesse recebido da sinagoga o exemplo de uso de casas como locais de reuniões com fins religiosos, um bom modelo administrativo e um modelo de culto, testado e aprovado.

Sugestão de bibliografia para pesquisa

Veja mais sobre estes assuntos em:

FENSHAM, F. C. Sinagoga. *In*: DOUGLAS, J. D. (ed. ger.) **O Novo Dicionário da Bíblia**. São Paulo: Vida Nova, 1983, v. 2, p. 1530-1532.

Referências bibliográficas

A BÍBLIA de Jerusalém, Nova ed. ver. São Paulo: Edições Paulinas, 1985.

ARCHER JR., Gleason L. **Merece Confiança o Antigo Testamento?** São Paulo: Vida Nova, 1986.

BÍBLIA. Almeida Século 21: Antigo e Novo Testamento. São Paulo: Vida Nova, 2008.

BÍBLIA. Traduzida em português por João Ferreira de Almeida. 2. ed. rev. e atual. Barueri, SP: Sociedade Bíblica do Brasil, 2000.

BIBLIA HEBRAICA STUTTGARTENSIA. Stuttgart, Deutsche Bibelgeschlschaft, 1997.

BIRDSALL, J. N. Apócrifos. *In*: DOUGLAS, J. D. (ed. ger.) **O Novo Dicionário da Bíblia**. São Paulo: Vida Nova, 1983. p. 91-94.

BITTENCOURT, B. P. **O Novo Testamento**: cânon — língua — texto. São Paulo: ASTE, 1965.

BITTENCOURT, B. P. **O Novo Testamento**: cânon — língua — texto. 2. ed. Rio de Janeiro: JUERP; ASTE, 1984.

BRIGHT, J. **História de Israel**. São Paulo: Edições Paulinas, 1978.

BRIGHT, John. **História de Israel**. 3. ed. São Paulo: Edições Paulinas, 1985.

DANA, H. E. **Jewish Christianity**. Kansas City Central Seminary Press, 1955.

DANA, H. E. **O mundo do Novo Testamento**: um estudo do ambiente histórico e cultural do Novo Testamento. Rio de Janeiro: JUERP, 1980.

ENCICLOPÉDIA DE LA BIBLIA. *In*: TOGNINI, E. **O período interbíblico**. São Paulo: Louvores de Coração, 1987.

FENSHAM, F. C. Sinagoga. *In*: DOUGLAS, J. D. (ed. ger.) **O Novo Dicionário da Bíblia**. São Paulo: Vida Nova, 1983. v. 2. p. 1530-1532.

FUNDAÇÃO FRITZ PINKUSS. **Pequena história do povo judeu**. São Paulo: Congregação Israelita Paulista, 1962.

GIRALDI, Luiz Antonio. **História da Bíblia no Brasil**. Barueri, SP: Sociedade Bíblica do Brasil, 2008.

GREEM, M. **La evangelización en la iglesia primitiva**. Buenos Aires: Ediciones Certeza, 1976.

GUNDRY, R. H. **Panorama do Novo Testamento**. 2. ed. São Paulo: Edições Vida Nova, 1981.

GUNNEWEG, Antonius H. J. **História de Israel**: dos primórdios até Bar Kochba e de Theodor Herzl até nossos dias. São Paulo: Editora Teológica; Edições Loyola, 2005.

GUSSO, Antônio Renato. A contribuição da sinagoga para o desenvolvimento do cristianismo. **Via Teológica**, v. 5, p. 75-92, 2002.

GUSSO, Antônio Renato. **Panorama Histórico de Israel Para Estudantes da Bíblia**. 4. ed. Curitiba: A. D. Santos Editora, 2010.

HESTER, H. I. **The Heart of New Testament**. Nashville, Tennessee: Broadman Press, 1981.

KIDNER, Derek. **Salmos 1-72**: introdução e comentário. São Paulo: Vida Nova, 1981. p. 115-118.

KOESTER, Helmut. **Introdução ao Novo Testamento**: história e literatura do cristianismo primitivo. São Paulo: Paulus, 2005. p. 1-17.

LÄPPLE, Alfred. **A Bíblia Hoje**: documentação de história, geografia e arqueologia. 3. ed. São Paulo: Paulinas, 1984.

LASOR William S.; HUBBARD, David A.; BUSH, Frederic W. O Conceito de Cânon. *In*: DILLARD, Raymond; LONGMAN, Tremper. **Introdução ao Antigo Testamento**. São Paulo: Vida Nova, 1999. p. 651-659.

MARSHALL, I. **Atos**: introdução e comentário. São Paulo: Edições Vida Nova, 1986.

MILLER, Stephen M.; HUBER, Robert V. **A Bíblia e Sua História**: o surgimento e o impacto da Bíblia. Barueri, SP: Sociedade Bíblica do Brasil, 2006.

MILLOY, A. Miller. A importância da distribuição da Bíblia Sagrada. **A Bíblia no Brasil**, n. 227, ano 62, p. 34, abr./jun. 2010.

MORRIS, L. T. **Coríntios**: introdução e comentário. São Paulo: Edições Vida Nova, 1983.

NEWMAN JR., Barclay M. As Escrituras traduzidas. *In*: ALLEN, Clifton J. (ed. ger.) **Comentário bíblico Broadman**: Velho Testamento. 2. ed. Rio de Janeiro: JUERP, 1986. p. 35-45.

PACKER, J. I. Revelação. *In*: DOUGLAS, J. D. (ed. ger.) **O Novo Dicionário da Bíblia**. São Paulo: Vida Nova, 1983. v. 2. p. 1400-1404.

PAROSHI, Wilson. **Crítica textual do Novo Testamento**. São Paulo: Vida Nova, 1993. p. 25.

PAUL, A. **O judaísmo tardio**: história política. São Paulo: Edições Paulinas, 1983.

ROPS, H. D. **A vida diária nos tempos de Jesus**. 2. ed. São Paulo: Edições Vida Nova, 1988.

SIZEMORE JR., Burlan A. O Cânon e o texto do Velho Testamento. *In*: ALLEN, Clifton J. (ed. ger.) **Comentário Bíblico Broadman**: Velho Testamento. 2. ed. Rio de Janeiro: JUERP, 1986. v. 1.

TENNEY, M. **O Novo Testamento**: sua origem e análise. 2. ed. São Paulo: Edições Vida Nova, 1989.

VIERTEL, Weldon E. **A interpretação da Bíblia**. 4. ed. Rio de Janeiro: JUERP, 1989.